博士總是面帶微笑的為我們講述他的故事（圖①）

作者湯坤山與博士合影（圖②）

社長羅慶旭與博士合影（圖③）

作者涂慧琴與博士合影（圖④）

發行人葉雲潭與博士合影（圖⑤）

博士與千宇出版社同仁相談甚歡（圖⑥）
（攝於千宇出版社辦公室）

在收集資料的過程中博士給予諸多協助（圖⑦）
（攝於博士辦公室）

社長（左）作者（右）與博士助手曾燁塘先生合影於法醫室內（圖⑧）

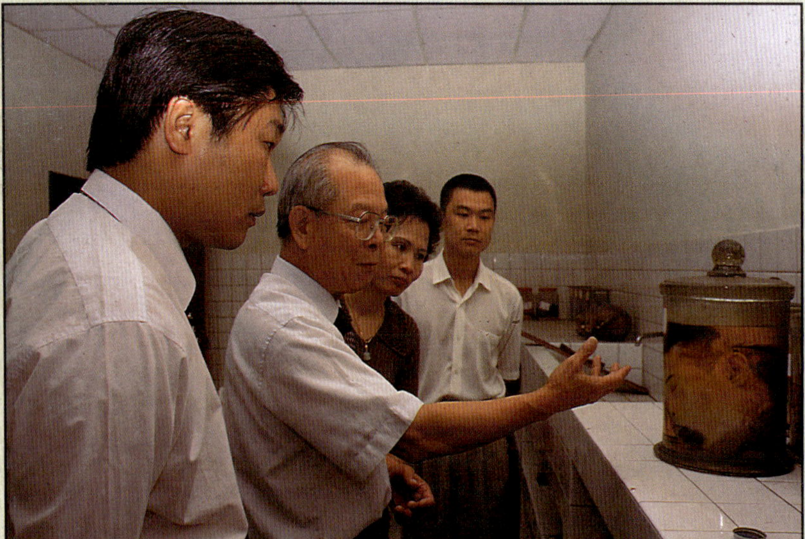

博士為作者及公司同仁解釋孫伯英的頭顱，三十七年來鬍鬚依然在長（圖⑨）

此圖為法醫室中人體之標本（圖 ⑩ ）

此圖為法醫室之解剖台及其陳列之標本（圖 ⑪ ）

博士正聚精會神的檢視每根骨頭（圖 ⑫）

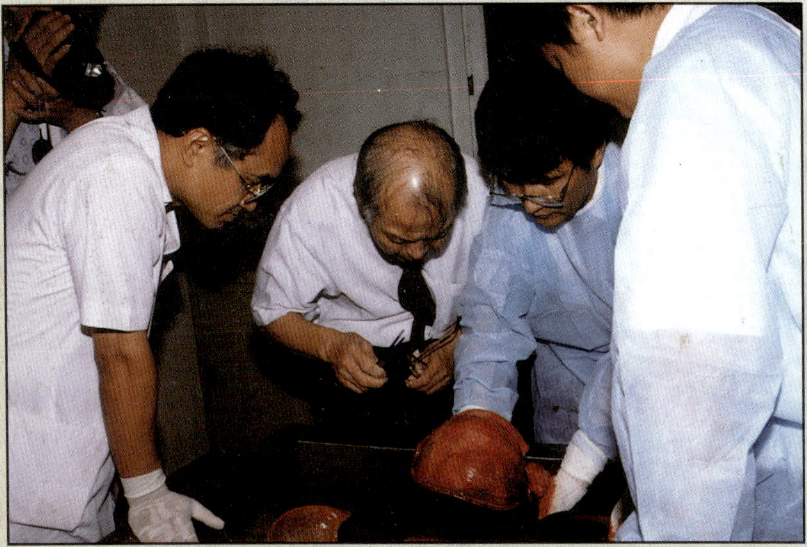

博士與其助手正仔細勘驗解剖後的屍體（圖 ⑬）

博士於中壢殯儀館解剖現場解釋死者之死亡疑點（圖 ⑭）

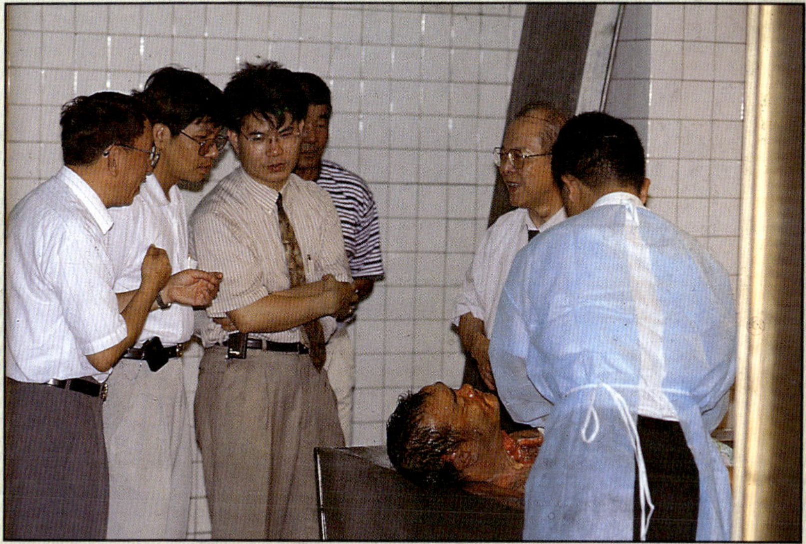

博士與張法醫及桃園黃檢察官在解剖現場（圖 ⑮）

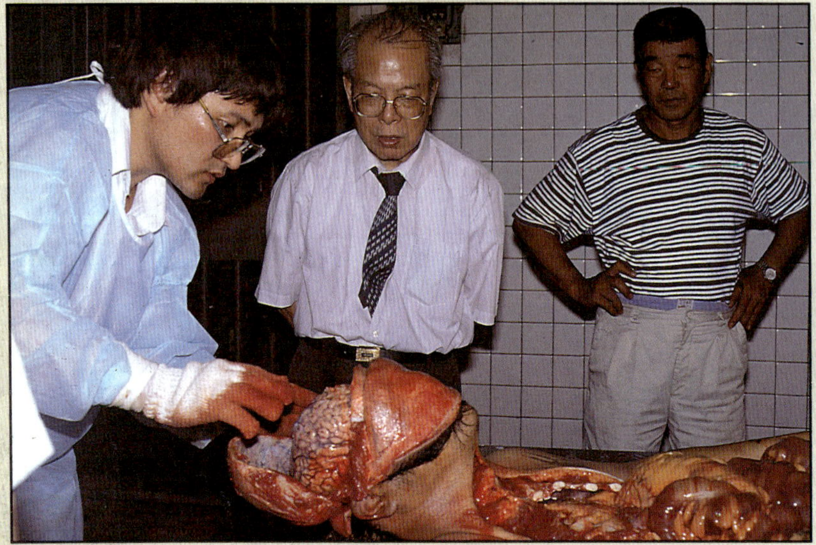

博士的助手仲建國先生正將頭蓋骨掀開，且博士在旁檢視著（圖 ⑯ ）

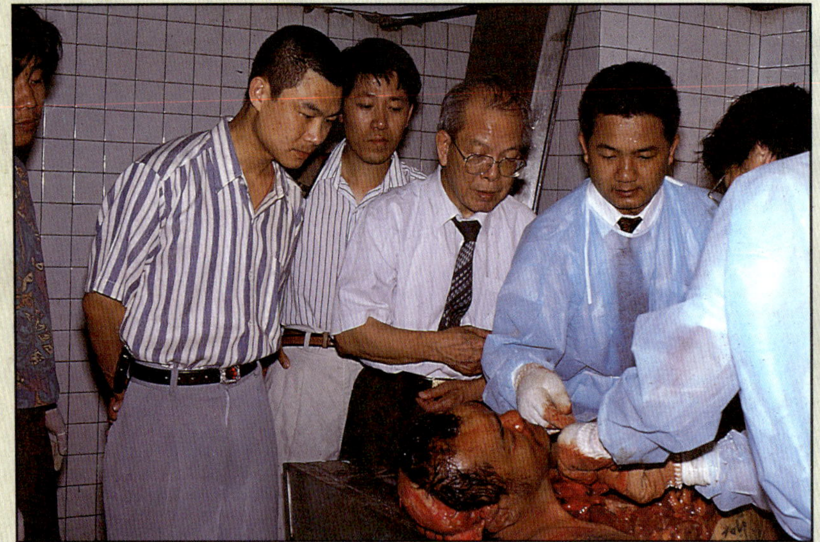

社長與發行人陪同博士在解剖現場（圖 ⑰ ）

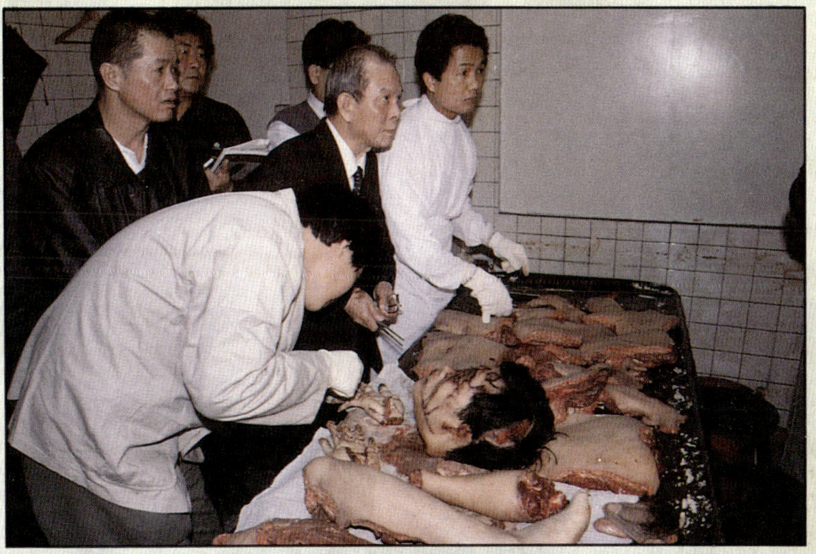

博士正面對著這些被分解的屍體，進行檢驗（圖 ⑱ ）

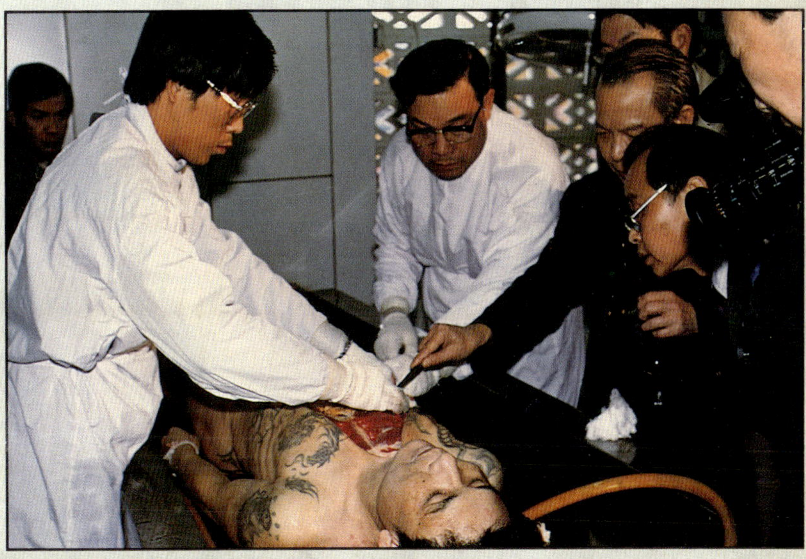

博士正為在場的法醫及檢察官解說（圖 ⑲ ）

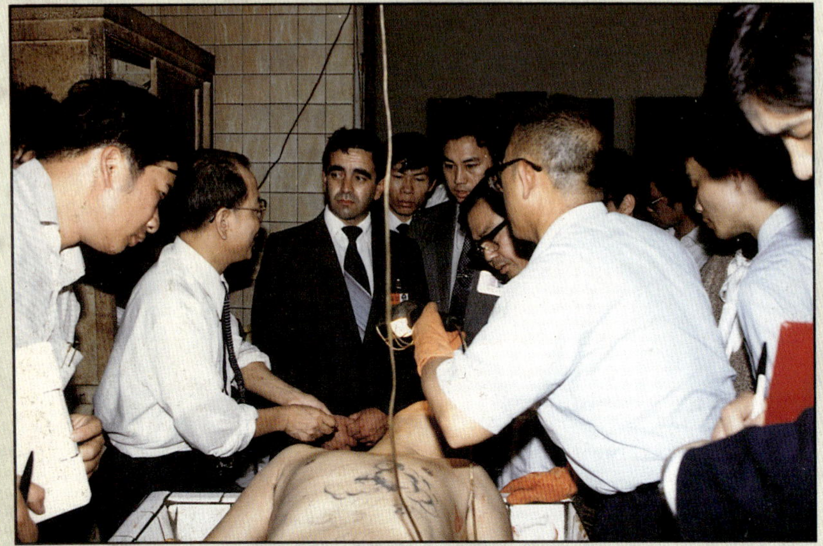

烏拉圭和巴西的法醫特地前來，向博士請教解剖、驗屍的專業知識（圖⑳）

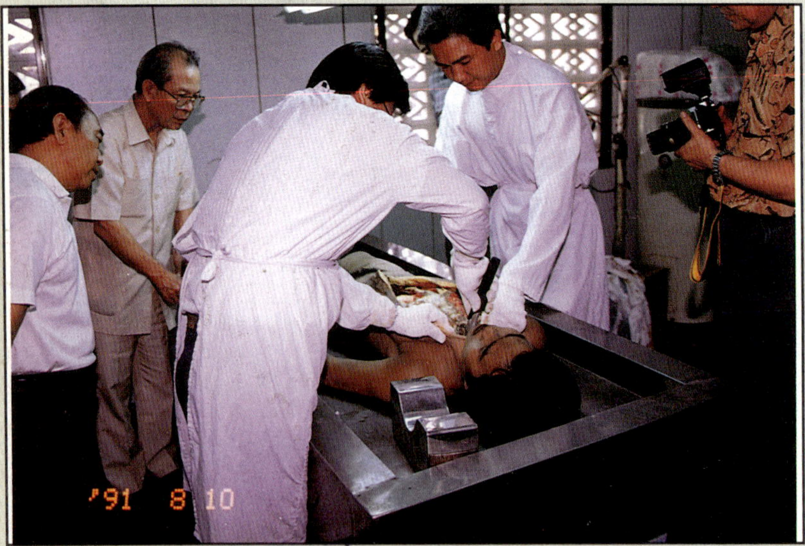

博士與其得力助手法醫曾燁塘先生及仲建國先生在解剖室的現場（圖㉑）

台灣第一位原住民法醫也是博士的得力助手仲建國先生

（圖 ㉒ ）

博士成立法醫學會，使台灣法醫得以延續（此圖為法醫學會之勳章）（圖 ㉓ ）

（此圖為謝必安，即七爺）

楊博士小時候曾細數過此尊七爺神像的肋骨，有 13 根哦！不信你自己數看看（圖 ㉔ ）

（此圖為范無救，即八爺）

閻羅王差遣范將軍請楊日松吃飯（圖 ㉕ ）

博士的助手曾燁塘先生正為社長解釋，如何從骷髏頭中分辨男女（圖 ㉖ ）

在天時、地利的配合下，骷髏頭會散發出燐火，即俗稱的鬼火（圖 ㉗ ）

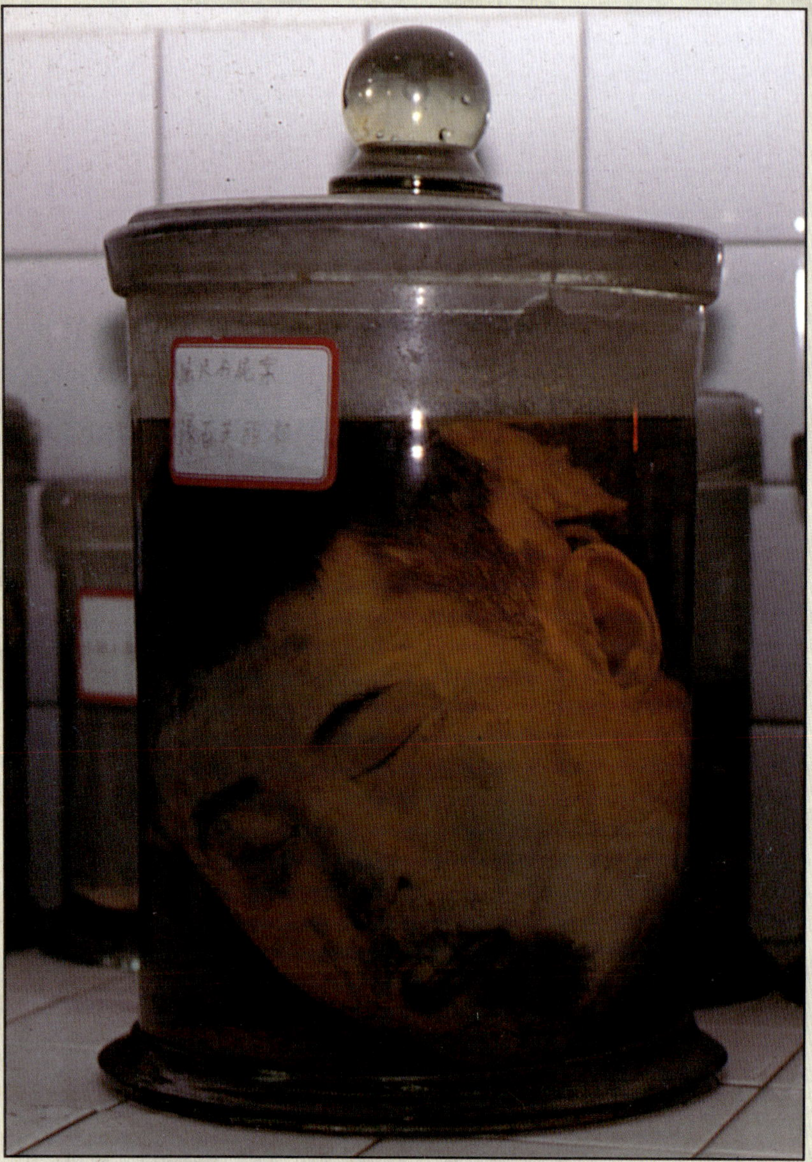

不可思議！浸泡 37 年的頭顱，鬍鬚卻依然在長…

（圖 ㉘ ）

千宇文化出版社全體同仁與楊博士合影（圖㉙　）

目錄

◎目錄

社長的話

人跟人認識需要緣份；變成好朋友更需要緣份。

幾年以前，我跟所有的讀者一樣，對楊日松博士還很陌生，對他的印象只限於報章雜誌裡頭一些有關於他的報導，和電視螢光幕上偶而的驚鴻一瞥。從來沒想到有朝一日能與他結緣，而且是那麼深的緣。那是在一個宴席上，經由一個朋友的介紹，我跟他認識了。當我以戰戰兢兢的心情，站起來為這個慕名已久的人物敬酒時，這位萬人敬仰的「名人」，竟然一臉親切笑容的也站起來給我回酒。霎時，我被他平易近人的氣質深深吸引，那種初識的生澀感、距離感頓時化為烏有。

以後，我有幸跟博士結為忘年好友，時常跟他在一起談天說地。偶而跟工作同仁去到他家，他招待我們就像自己家裡人一樣，讓我們一點做客的感覺都沒有。在我們眼裡，他不僅僅是個名法醫、名教授，更是個慈藹的長者，知心的好友。

在台灣，大家都知道，法醫與楊日松博士幾乎是劃上了等號。每當有爭議性的、懸決不下的案子，幾乎都要請楊博士親自出馬。而只要是楊博士出馬，少有不能開釋的謎底，鮮有不能破解的疑團。他的專業，使得死因能清楚呈現，罪惡難以遁形。他的耿直

，讓他敢於鐵口直言，正義得以申張。楊博士儼然代表了「真相」；儼然成了「正義」的化身。

為了成就這本書，也為了多了解博士，本社的同仁們曾多次跟隨楊博士親到解剖現場，觀看解剖屍體的整個過程。解剖室裡，惡臭迷漫，令人陣陣反胃；解剖台上，開膛剖肚，叫人不敢目視。而楊博士卻要在這種種「非常人所能忍」的環境下，鉅細靡遺的檢視著屍體，以期找出蛛絲馬跡，釐清蹊蹺懸疑，幫忙警方理出正確的偵查方向。在場的檢查官、警察、被害人家屬、被害人（如果地下有知的話），眾目睽睽，莫不把破案的希望寄託在他的身上。而楊博士也從不負所託，把他的專業素養發揮得淋漓盡致。他的一句話，往往就使得真相大白，沉冤得雪。說他是一代「神醫」，真一點也不為過。

法醫，其實在整個法界、警界來說，是非常重要的一環。但是一直以來，中國人似乎沒有對他們提供相等的尊重。古代，我們稱驗屍人員為「仵作」，宋慈的洗冤錄就這樣提到：「仵作，賤役也、重役也，其役不齒於齊民……非至愚極陋人誰肯此？」時而至今，我們的社會對法醫的輕忽，從「相驗率」（即：檢警雙方會同法醫到達案發現場的比率）的統計數據來看，也可明顯看見。根據高檢署法醫中心幾年前的數據統計，美國佛羅里達州的相驗率約是46％，聖安東尼市約40％，就是香港也有23％，而我

國的相驗率卻只有17.3％。雖然日本的相驗率（1990年的數據統計）比我國還要低，為15.2％，但是他們的解剖率卻有32.6％。香港的解剖率更高達75％，而台灣的解剖率只有區區的3.91％。相較之下，即可以看出我國法醫「使用率」之低，而法醫的地位就不言可喻了。

這些年來，專業如楊日松；耿直如楊日松；正義如楊日松，我們的社會在受了他如此多的「貢獻」之後，是不是該考慮重新調整對法醫的地位待遇了？尊重法醫，其實就是尊重生命、尊重法律、尊重正義公理；而尊重這些，也正就是尊重我們自己，我們何樂而不為？

跟博士相處的這些年來，我們從博士跟受難者家屬之間的接觸、互動，和他面對權勢時，所表現出來的大無畏精神裡，深深感受到博士那種悲天憫人的慈悲情懷，和高風亮節的高貴情操。我們的社會不是沒有正義；而是這些正義力量還很薄弱。被壓抑在角落裡，如果沒有人盡力去維護，隨時都可能被邪惡淹沒；但相反的，如果有人去導引爭取，也有可能隨時沖天而起，綻放光芒。

博士已為正義奔走多年，奉獻多年，他的正義需要有人秉持、有人延續，有人繼續發揚光大。「千宇」出版社既然有幸跟博士結緣，博士與千宇出版社都希望成立一個基

金會，一方面致力於法醫地位的提昇；一方面做一些社會的公益活動，期望這個基金會的產生，能對一些發生急難的受苦同胞，發揮他們需要的救助功能。

當然，千字的力量一定是有限的，期盼有更多的人追隨楊博士的腳步，尊重生命、關心社會。凡事不怕遲，只怕不開始。

社長

序文㈠—楊日松博士

千宇文化出版社有限公司董事長湯坤山先生，為了發揚法治精神，伸張正義，保障人權，安定社會，出版命案實錄，偕同該公司高級主管：總編輯徐慧琴、發行人葉雲潭、社長羅慶旭，以及寫作群文士們，與美國南加州大學莫世湟教授（MD. MORK）、台北醫學院王正潭教授，一起實際考察我國命案勘驗程序，以了解勘驗程序中之檢查官、法醫及各司法警察官、司法警察等，所扮演的角色（Judical Role）。

經過多次的實際參與考察，他們真正了解到，一個案件如果不是每一個人、每一個環節，都抱著認真、確實、公正、不馬虎的態度的話，就無法「舉直錯諸枉，使枉者冤直」了。了解了這些之後，他們終於以審慎的態度，客觀的角度，寫成了這本書。

首先感謝千宇的文士們的正義之筆，同時謹向實施命案勘驗的各位檢察官、司法官、司法警察官、司法警察及法醫同事們，表示敬意，並向各被害人的靈魂致上最深沉的哀悼之意。

為了讓參讀本書的讀者們，能更了解我國的人權保障規定，特揭示一些有關保障人權的法律精要，請讀者、先進專家們，大家一起來共同衛護。

1、犯罪事實應依證據認定之。無證據者不得推定其犯罪事實。檢查官就被告犯罪事實，有舉證責任，並應在起訴書中記載明白。司法警察的移送書亦同。

2、法院法官因發現真實之必要，應依職權調查證據；無證據能力，未經合法調查，顯與事理有違，或與認定事實不符之證據，不得作為判斷之依據。

3、無證據能力之證據是指：

(1)被告受強暴、脅迫、利誘、詐欺、違法羈押或其他不正當方法，所為之自白，均為無證據能力。

①訊問被告應以懇切態度，不得用強暴、脅迫、利誘、詐欺及其他不正當之方法。

②應予被告以辯明犯罪嫌疑機會，及辯論證據的證明力。

③不得濫用職權率爾逮捕或羈押，不得意圖取得供詞或自白而施強暴脅迫、違法拘押、拘禁，以及做為醫學或科學試驗。

④有管收、解送或拘禁等人犯職務之公務員，不得對人犯施以凌虐。

(2)證人之個人意見，或推測之詞，或審判外之陳述，為無證據能力。

(3)法醫或其他鑑識人員之鑑定報告、言詞說明，仍應調查其他必要之證據，以資認

定，不得專憑不實、不盡之鑑定報告，作為唯一證據。尤其鑑定結果為「可能」、「想法」等推理、推測之文句者，應予切實調查，或再予複驗、重予鑑定。

4、最重要的國際人權法上，刑事被告未依法公開審判，依法確定有罪前，應視為無罪之人。尤其嫌疑犯僅有嫌疑，無證據或無事實者，均應予洗冤。

但被害人之冤，及被害人權利，乃亦同等保障。

5、偵查犯罪程序，係以發現真實之犯罪人為目的，如某甲不屬於犯罪之人時，應繼續發現何人（乙、丙或丁）為犯罪人。但審判程序，法院法官只須判斷被起訴之被告，是否為真實之犯罪行為人。若經必要之調查，其所得之證據資料，仍不足為該被告有罪之論證時，即應為無罪之判決。至於該項犯罪事實，究係被告以外之何人所為，則無查明之義務。（七三台上三八九二）

以上除感謝作者湯坤山、徐慧琴熱心參與外，亦期與正義之士共同捍衛司法，保障人權與社會安定。

法醫學博士 楊日松

◎序文一

序文(二)—謝在全(台中地方法院院長)

楊博士是學驗俱豐，國內外著名的法醫學博士，國內每逢有重大命案發生，或是有法醫學上的疑難奇症時，都是敦請楊博士親自出馬，難題又每能迎刃而解。因此，楊博士在法醫界，甚或在司法界信譽卓著，盛名無人能出其右。個人在法院任職，從事審判實務與司法行政工作，將近三十年，惜因專注領域之不同，與楊博士只有數面之緣，但此應無礙於個人對楊博士的敬重。如今楊博士之傳奇出版，能恭逢其盛，更是與有榮焉。

本書應是基於市場的需要，以及增加可看性、趣味性，將楊博士參與辦理刑事個案的最精彩部分，以故事題材撰寫，正是書如其名，內容高潮迭起，懸疑離奇。但在沈迷於楊博士破案的神奇時，更應注意楊博士為每一案件，以「認真、確實、公正、不馬虎」的工作態度(楊博士序文)，所付出的心血，以楊博士淡泊名利，在常人難以忍受的工作環境中，堅守本職，無怨無悔，犧牲奉獻的精神。尤其是楊博士在序文中不述說法醫學在刑事偵審實務上的重要性，以及不炫誇其個人在法醫學上傲人的經歷與成就，反而引用刑事訴訟法上許多與證據法則及程序正義有關的規定與判例，以彰顯法律與司法

在保障人權，捍衛正義所做的努力。楊博士這種謙沖的胸懷與對法律的尊重，誠值我們正視與效法。

坤山是我的外甥，個性豪爽，喜歡交遊，居然與楊博士結成忘年之交，實彌足珍貴。切盼坤山能學習楊博士不畏艱辛，堅守本職，始終如一的精神，認真及確實的工作態度，在耳濡目染下，如能得其一二，事業必將能有所成，而不負親長的期待。今因「楊日松傳奇」書成，坤山索序於余，自當略記數語，以表示個人對楊博士的敬意，更願坤山知所惕勵，勉力為之。

台中地方法院院長　　謝在全

1996. 85. 9. 1

序文㈢—黃榮瑞（台北看守所所長）

初收到坤山送過來一大疊文件，本以為是什麼，乍看之下才知道坤山得到楊日松博士之首肯纂寫楊日松博士之著作。今送來初稿要求我予以寫序，甚感惶恐，因楊日松博士在今社會上之聲望鼎隆，有著正義之神的化身，民間人士稱其為楊青天。楊日松博士克盡公務員之職守，除孜孜不倦的在各警校醫學院教其所學外，亦今每日仍南、北奔波為各地檢調系統人員抽絲剝繭，尋找破案之契機。所有重大刑案，幾乎都是由他來解剖驗屍，才能得到家屬與社會大眾之信任。其所付出之心力與貢獻，實感佩服與肯定。

坤山對國家社會之關心，吾亦深深的感受，我於桃園少年輔育院院長期間，坤山不時前來看望，亦贈送許多善書給輔育院之學員，希望淨化人心，盼日後對國家社會有所貢獻。今得到楊日松博士之厚愛，相信其誠懇謙讓之處世態度，必能得到社會上更多朋友的支持，我亦盼這位老弟，能不辜負楊日松博士之託付與各位長官朋友之關心期望。

傳言的真相由楊博士的親自口述得到證實，相信想對楊博士傳奇故事了解更多的人，在看完這本書後有「一睹廬山真面目」的感覺。也印證了「法網恢恢，疏而不漏」的道理。在作者湯坤山、徐慧琴緊湊、懸疑的筆墨下，亦給人另一種感受。

亦期待這本書對打擊犯罪，社會之安定有所警惕。

台北看守所所長　　黃榮瑞

序文㈣——盧毓鈞（中華民國偵防協會理事長）

提起楊法醫日松可說無人不知、無人不曉，他是國內少見的傳奇性人物，其一生協助偵破無數命案，使犯罪者無所遁形，被害者沈冤昭雪，家屬心靈得以告慰，因此坊間都稱他為「現代包青天」、「中國的福爾摩斯」，也有人暱稱他為國寶級的法醫。

毓鈞與楊博士相知已久，早在四十幾年前任職臺北縣頂溪派出所主管時，每逢溽暑，楊法醫總要到中正橋下相驗水流屍，當時每有案件發生，新聞記者、民眾無不蜂擁而至，駐足圍觀，但見到腐蝕生蛆的屍體，惡臭難忍，莫不以手掩鼻，而楊博士卻不以為忤，只見他埋首聚精會神、鉅細靡遺的檢視，深怕遺漏了一絲一毫的跡證而偏失偵查方向，有時甚至以手指沾嚐腐屍的液體，此種敬業樂業、實事求是的精神，令人印象深刻，萬分感佩。

記得民國六十六年，國內發生轟動一時的江子翠分屍案，當時楊法醫協助警方偵辦此案，為供民眾指認屍體，他每天數度將屍塊從福馬林液中撈取，因而不幸感染上了屍毒(紅皮症)，全身奇癢無比。當時我任職屏東縣警察局局長，於某次北上機會順道至刑事警察局拜訪楊博士，發現他依然埋首於法醫室內戮力工作，而毫無退卻，或許就是這

份對「公理正義」的執著，終使奇症得以痊癒。楊日松博士總是堅持「追求真象」與「是非黑白」的理念，這是我對楊博士相識相知多年的瞭解，也就是這份堅貞為其贏得「現代包青天」的美譽。

警察為人民的褓姆，摘奸發伏、懲奸除惡、保障民眾生命財產安全為警察的職責，尤其命案因兇手泯滅人性、罪大惡極，更應力求偵破，使死者沈冤得昭。但是，「有一分證據說一分話」，我國刑事訴訟法第一五四條規定：「犯罪事實，應依證據認定之，無證據不得推定其犯罪事實。」即如未能發現相當證據或證據不足以證明犯罪之事實，則不能以推測或虛擬的方法，來推定其犯罪事實，此乃刑事偵查工作的最基本法則，因此被害者真正死因的發覺及相關跡證的蒐集除能提供正確之偵查方向外，亦為破案最有力之證據。難能可貴的是，楊法醫四十幾年來參與偵破的命案，都是以科學實證的方法、實事求是之精神來貫徹此一刑事法則，其對協助偵查犯罪，建立刑事偵查工作「科學辦案」之基礎，樹立我國科學辦案的典範，均有不可抹滅的貢獻，「中國的福爾摩斯」美譽絕非浪得虛名。

毓鈞一向堅持建立警察人事制度，於八十二年至八十四年擔任警政署長期間，對於同仁屆齡延退之人事案從未核准，但因苦見國內法醫人才難求，培育不易，破例主動要

求楊法醫延退，經徵求楊法醫同意繼續協助犯罪偵查，以提攜後進。本書付梓前，承千宇文化出版社誠摯邀序，毓鈞欣見楊博士辦案實錄得以編纂成冊，及本書對端正社會風氣、教化人心均有積極正面之作用，爰綴數語，樂為之序。也藉此機會對楊法醫一生默默奉獻心力，協助偵查犯罪之傑出貢獻與成就，致上崇高之敬意，並祈國內早日健全法醫人才之培育制度，鼓勵有志青年以此為志業，則楊法醫後繼有人、人民甚幸。

八十五年八月三十日

盧毓鈞

於中華民國刑事偵防協會

作者序

～～寫楊日松傳奇－中國的福爾摩斯，現代的包青天

和楊日松博士相識相交近十年了，其間曾與博士商量由我來撰寫他的生平傳記，但博士認為自己只是個平凡的公務員，沒什麼值得大書特寫的，這件事就在我們每週的聚會中未再提及，但去年起，坊間在未得到楊日松博士首肯，洋洋灑灑就出版了幾本有關博士的著作，不但侵害博士權益，也歪曲了許多事實。至此博士才授權由我來編纂辦案實錄，以端正視聽。

楊日松的傳奇靈異故事何其多，發生在他身上的玄疑奇案不知有多少。信手拈來，何愁不能積文累牘，集結成書。但我不是作文化工作者，既無法像一些偉大的作家充滿幻想力，有俯拾即是的文思，妙筆生花的創造出曠世巨作，每一筆觸均能打動閱者的心弦。而我只能依自己所認識的楊日松，實際體會到博士平日待人處世中流露出真誠與仕事的正直，填寫出自己的觀點。

一盞孤燈，一疊稿紙，認識博士愈深愈不知從何寫起。一個社會正義的影子在思緒

中徘徊，我有端塑社會正義的使命感，我有告知天下人的使命感。於私，是對一位長者，一位風範情操高尚的長者，一位友人，一位長時間教導幫助我的友人，點露出他偉大的人格與其長時間努力克盡職守，建立在社會上那無庸置疑的公信力。他是受難家屬眼中，有若坐在蓮花座上的活菩薩，一位受到司法界，一般平民百姓信任肯定的人。他是法界發亮的正義明燈，他的風範足以對社會、對司法界、對傳統倫理道德啟智一些規範作用。思及此，一顆關懷社會的心油然而生，拾起荒廢許久的筆寫下自己所認識的國寶級法醫楊日松博士。

在今社會型態變得是非不明，善惡不分之時，在攸關正義與公理最後防線的司法界也有許多令人遺憾的缺口，這個世間似乎拭不到公然的正義，這足以讓每個人心碎與絕望。對博士，我不願博士高尚的節操與佛祖般的慈悲心，被他自己專業的權威素養掩埋了。我要真真切切的為博士表達出真誠樸素的性情，將他一生充滿傳奇的色彩呈現給國人。

「知見愈深塵勞愈甚」，或許不斷的奔波忙碌是博士一生的宿命，但也造就楊日松許許多多不可思議，別人難以項背的傳奇物語。他每日風塵僕僕的南北奔波，四處驗屍，面對惡臭屍體從不掩鼻。至各個醫學院、警校去教學，是楊博士每日必行的公事，平

均博士每天要驗兩具以上的屍體，甚至有一天三具的記錄。據統計，這幾十年來，楊日松博士總共檢驗了兩萬多具的屍體，這個數字對全世界的任何一位法醫來說，都是難以想像的。

早年，博士曾撰文寫了一篇「楊氏四反問法」的論文，被國外的學者拿去翻譯成書。後來這本書倒流傳回國內，有個法官看了之後，對文內的科學辦案精神，讚不絕口。在一個宴會場合裡，這位法官當眾把這個理論提出來，大加讚揚一番。博士當時微笑不語，默默吃著東西。席上的另一位對博士「知之較深」的人士哈哈大笑，指著博士說，這篇論文的原始創作人「遠在天邊，近在眼前」。這時，這位法官才知道自己是「有眼不識泰山」。由此可知，博士不是對自己的學廣識博加以宣揚的人，發奸除惡才是他的終極關切。博士只認為在這生命源源不盡的長河中，盡其所能掬起涓滴，奉獻給他的工作。

一般人可能不清楚，博士用餐的習慣，是空著肚子先喝酒，頂多配著花生米。等酒都敬完了，喝得盡興了，才開始用餐。而食物，博士喜歡放冷了再吃。這是博士與眾不同的地方。客家人的純樸與節儉，最能在博士的穿衣和用餐上面看到。常年，博士就只有那幾套西裝，且領帶還是公家的。用餐時，除了喝幾杯紹興外，竹筍與花生米是他的

最愛，只要有這兩樣，他就能吃喝個痛快。餐畢，若桌上尚有剩餘的食物，博士一定要在場的每個人分而食之，再不然，就得打包回去。總之，就是不能稍加浪費。而他自己，也盡可能吃光自己盤中的食物。博士這種節儉自持的美德，給我很大的感觸。這些屬於老一輩那種刻苦精神，已隨著時代的腳步，一步步背道而馳了。

博士仕事嚴謹的態度，用西方科學家的理性，反覆的辨證思考，加上幾十年的實務與千萬次的經驗，一一加以慎重斟酌去勾玄探密，兼具深厚的學術修養，有汲取不盡的廣度和深度，還帶些靈異的事象，使其具備廣大無礙的理解力，才能掌握住真實。楊日松博士呈現出永不懈怠的自我要求與教導繁衍，為司法檢調系統注入生力軍，在今司法單位每個人都想改革的時代，有誰會為楊日松，為長期與屍臭為伍在陰暗惡劣環境中工作的法醫從事人員爭點自尊，爭點地位，爭點該有的福利；又有誰聽聞過博士怨嘆過辛苦。當博士面對受難家屬哀怨無助的神情時，激起他蘊藏在內心中只有佛菩薩才具有的大慈悲心，讓人動容的愁懷浮現博士的臉頰，他如同身受的感應死者家屬無限的悲痛，讓人看了泫然欲淚，試問，有幾位執法者能有如此的胸襟。

楊日松博士有許多傳奇故事，擁有許多不可思議的破案玄機，許多的案情是如此的曲折迷離，破案過程高潮起伏，扣人心弦，有些案子博士似乎能預見結果，也許是他敏

銳的觀察力去推動他強烈的第六感，而造就他的傳奇。

本書將以博士日常表現出來的幽默、風趣，來引領各位讀者進入楊日松博士親自口述的真實世界。最後，很高興能與徐慧琴小姐共同執筆完成此書，並感謝博士多次交予寶貴的資料與親自手寫命案過程。並感謝法醫室李松林秘書、曾燁塘、仲建國等多位好友之協助，使本書順利發行。在此感謝全體工作同仁之通力合作，並向所有幫助過我們的朋友致最高之敬意。

湯坤山　敬啟

第一章

初生之犢展長才

——楊日松的第一次

他永遠忘不了自己的「第一次」。

忘不了第一次他以實習學生的身份接觸到的實案。

民國三十七年吧！距今將近五十年了。那時候，台北淡水河邊的十三號水門，有一對台灣大學的情侶，留下遺書，雙雙上吊殉情，結果女的死了，男的卻以手指勾在繩索和喉嚨之間，僥倖未死。這件「殉情案」，在社會上引起了不小的轟動。

本來地檢處的法醫已驗過屍，確定他們是殉情自殺的，但警方覺得還是有疑點，於是他便被警務處派來，協助警方做二度的勘驗。

按說，他還只是個台大醫學院的法醫學生，應該沒有「資格」，也沒機會參加任何案子的偵查的，但是說來真巧，前陣子他剛受到醫學院院長杜聰明博士的推薦，到省警務處來實習。沒想到就趕上「殉情記」案件的發生，被指定派來參加實務勘驗。

人們對自己的「第一次」，通常都有著「又期待又怕受傷害」的心理，他也不例外。

平常只知道在課堂吸取理論知識，從沒真槍實彈的上陣參加實務辦案，這回大姑娘上花轎—生平第一遭的出擊，結果將不知如何，他心裡真是十五個吊桶，七上八下。理

論畢竟跟實務有段距離，他可以把理論背得滾瓜爛熟，對實務卻是初出茅廬，茫茫無知。由於無知，也就更緊張、更患得患失，更怕受傷害。

不過，他一方面又對這次的「行動」，充滿期待。這是一個機會，一個印證自己能力的機會；一個測試他以後能不能走法醫這條路的機會。他盼望自己能成功；盼望法醫這條路，他能走得無怨無悔。

在眾多醫學系的同學裡，唯有他一人修讀「法醫」這個冷門的學科。在選科的時候，有人告訴他，當醫生很辛苦，天天要面對病人；當法醫更是辛苦，成天要與「屍體」為伍。顯然，他是一個「自討苦吃」的人。然而他最後並沒被嚇退，他還是選擇了「法醫」這條路。

造成他「擇苦固執」，選讀「法醫」這門學科的，仔細想起來，要「歸咎」於「一個人」、「兩件事」。

這個「人」，便是他的父親大人。

爸爸在日據時代，是個小學校長，由於具有強烈的漢族思想，從不肯放棄以漢文教學，使得汲汲於「皇民化」的日本當局相當不滿。他十一歲那年，楊家大門上懸掛多年的那塊匾額「弘農府」，被日本人強迫摘下了。這象徵著楊家光榮家史，楊家一直視之

為第二生命的匾額被摘，使得爸爸義憤填膺，對日本人的蠻橫恨之入骨，憤而辭去校長職務，轉任桃、竹、苗的司法保護會會長。

那時候，日本統治者對待自己的同胞，和對待台灣人，明顯的有「差別待遇」，若有爭執，「不對」的，總是台灣人；台灣人面對日本人，總得像個「小媳婦」般的忍氣吞聲。那時台灣人的「冤獄」事件，多如牛毛，卻也「稀鬆平常」。

這一切看在他的眼裡，幼小的心靈，總會泛起陣陣的不平。「嫉惡如仇」的爸爸，更是痛心疾首。爸爸一直認為法律之前，人人平等，憑什麼台灣人總要吃苦受氣？憑什麼台灣人總是「低人一等」？

然則，這些苦惱，爸爸跟其他的台灣人一樣，都只能埋在心底。在日本人高壓的統治下，誰敢站出來？誰能強出頭？就算他敢，在「獨木難支」的情況下，又能收到什麼效果？只怕得到的會是「壯志未酬身先死」吧！

「折獄叚鑑」，爸爸時常搬出這部中國最早的法醫書籍出來，向他們幾個兄弟闡述它的精神涵意。由這本書，他感受到父親對他們兄弟殷切期盼的是什麼。平等，他父親需要的是平等。在法治上能平等，「人」就平等了。

更往深層推，他父親想要的其實就是「民族尊嚴」，就是「民族的平等」。

體會到父親這個「心願」，對以後他選讀「法醫」這個科系，不無促成作用。至於那「兩件事」，就要細說從頭了。

在二次大戰期間，他小學畢業，搭船前往日本唸中學。由於他小，又人生地不熟，大哥日恩便特從東京趕來接他。沒想到因此遭到日本特務的注意，大哥雖然清楚的交待了行蹤，日本特務卻不相信，連夜把他押往新宿警察署，逼他寫了自白書，和台灣人對中日戰爭的立場一文之後，把他移交「特別法庭」。而司法官也沒有實際查證，遽爾判處三個月的刑期。

哥哥無端遭到牢獄之災，他的心靈受到很大的衝擊。那時候，他就深深體會「法治」和「人治」的差別，也感受到「查證」辦案的重要性。

另外一件事，發生在自己的國家，是他親眼目睹。他有一個很要好的同學，有一天在台北請他吃飯。飯後，同學拿出舊台幣一萬元付帳，老闆找了一堆錢給同學，同學算也沒算，就往口袋塞。上了公車，他心血來潮，掏出來點算，不多不少，正好是三千七百五十元。就在這時，車上突然有個乘客高喊「扒手」，他被扒了三千七百五十元。他的同學在百口莫辯的情況下，被帶往警察局，吃上了竊盜官司。

這件事的發生，又在他的心底激起巨大水花。原來「眼見」仍不能為憑，人家「見

到」他同學身上正好有三千七百五十元，「正好」與別人丟失的錢的數目相符，便認定同學偷了別人的。這冤獄太沒道理了。

這兩件事給了他一個很深的省思跟啟發。光憑「人證」，絕不能認定一個人的罪，必須在「科學證據」的輔佐下，才能做下判語。而「法醫學」是最講究科學依據的一門學問，正確的利用法醫學，有時可以替人洗刷冤屈，還人清白；有時又可以使真正的罪犯無所遁形。

「法醫」，就是它了，這就是自己一輩子所需要；所追求的了。

老實說，對這個「殉情記」的案件，他一點也沒把握能找出什麼新的線索，但「成」與「不成」，總是個難得的經驗，他都要全力以赴。

他還記得，當他看到擺在他眼前，一些從現場拿回來的證物時，心裡感覺無限惋惜。為什麼這麼不珍惜自己年輕的生命？愛情美則美矣！但真的這麼重要嗎？重要到連命都可以不要，重要到可以不顧父母的養育之恩，重要到可以拋棄身邊的一切摯愛，重要到可以傷害每個人的心……。

而「死」真的是解決問題的最後辦法嗎？有勇氣結束自己的生命，為什麼沒勇氣活著去面對問題？去解決問題？縱然「死」解決得了自己的問題，但把更嚴肅的問題丟給

別人去面對，讓一些曾經阻止過戀情發展的人永遠活在悔恨中，不也是件很殘忍的事？

還有，難道都不想知道往後的十年、二十年．．．數十年，甚至年老後的自己，會是怎麼樣嗎？可能本來會有美滿婚姻；本來可能有活潑可愛的孩子；本來可能會有很好的事業；而現在一切都在一夕之間，全然沒機會擁有了。匆匆來世間這麼遭，還沒窺探到世界的全貌，就以一條繩索，驟然結束自己年輕的生命，難道不覺得遺憾嗎？

繩索？！忽然他心中一動，緊盯著繩索看。

這根繩子還保持著死者「上吊」時的樣子，圍著一個圈圈，打個結。

這圈圈圍得不夠大，絕不可能同時容納兩個人上吊！

他暗暗歡呼起來，這是個大破綻，而他發現了。

照這樣看來，可能當時根本只有女主角在上吊。

而僥倖未死的男主角，卻明明說是兩人雙雙上吊。為什麼？

這中間一定有問題，他想。

不過，無論什麼問題都已經是警方的事，警方會負責把事情真相弄個一清二楚，他只須提供他新發現的疑點，責任便已了了。

他發現的這個線索，警方如獲至寶，馬上對「殉情」未死的男主角再做深入調查。

結果，男主角在警方的偵訊下，終於坦白承認是自己過失致女友於死，並假造遺書，企圖避責諉過。

本來是一件人人同情的「殉情」案件，沒想到被自己從小地方勘破玄機，變成「過失殺人」案，他當時被稱為「初試啼聲，一鳴驚人。」

他得承認這次的「一鳴驚人」對他以後的影響很大。除了印證了「科學」辦案的重要之外，同時也使得他對「法醫」這一行充滿信心。

有些看似小小的地方，無關緊要，卻往往是破案的關鍵所在。比如後來發生的火車鐵軌命案，一隻女人的手臂從列車底下掉下來，警方都以分屍案來偵查。但他發現手部沒有凝血，又沾有油污，判定為車禍案件。

後來警方果然在鐵軌上沿途找到女子的胃臟、肢體等；而肝臟，則被一個婦人撿回去，當「豬肝」吃掉了。全案因為他的「明察秋毫」，才找到正確的方向，進而偵破。

又有一次，在左營的一個花圃內，發現一具男屍。由於他的喉部幾乎完全割斷，腹部切了一個大口子，腸肚外流，警方初步判斷是「他殺」。

但當他仔細研究過傷口，和到現場實地勘查後，判斷是「自殺」。原因是死者腹部有九道整齊排列較淺的傷痕，死者在「割」與「不割」之間猶豫，造成「猶豫傷痕」。

如果是「他殺」，必然是一刀刺下，全不留情。還有，腹部和喉部的刀傷，都是由左而右向上方偏斜，符合一般人右手拿刀切割應留的刀痕。

從現場來看，如果是他殺，應該會有掙扎、搏鬥的痕跡，但花圃的泥土並沒有踐踏的亂印，屍體旁那一整排的花籃，也沒有任何傾倒。

後來警方依此縮小偵查範圍，發現死者生前患有精神病，以「自殺」結案。

諸如此類的「小玄機，破大案」的例子，這幾十年來，發生過很多。而他印象最深刻的，還是他的「第一次」。

當年「殉情案」女主角哀婉動人的遺書被媒體刊出來時，深深的感動了每一個人，他們的校長傅斯年，甚至在感動之餘，還親手寫了一首「弔詩」，膾炙一時，為這件殉情自殺案，憑添了一段淒美。又甚至，傅斯年與一些名流人物，還想為死者豎個紀念碑石，以紀念這位文采橫溢的女學生。

當全案偵破，發現遺書竟然是「男主角」寫的時，自然，這些活動全部取消。

他後來常在想，男主角既然有這麼大的才華，寫出這樣一篇讓文人名流都動容的文章，為何不寫一封文情並茂的「說帖」，去說服反對他們交往的人？

選擇走「死」這條路，真的不是明智之舉。

第二章

閻羅王請吃飯

——閻羅王為何要請楊日松吃飯？

（此圖為謝必安，即七爺）楊博士小時候
細數過此尊七爺神像肋骨，有13根哦！
不信你自己數看看

（此圖為范無救，即八爺）閻羅王差遣

范將軍請楊日松吃飯

楊日松博士在他數十年的法醫生涯中，曾經遇到了很多的靈異故事，這些靈異故事經過輾轉的口耳相傳，有的已經失真，諸多偏頗；有的說多了，已經見怪不怪，失去新鮮感。這個「閻王請吃飯」的故事，是發生在博士小時候的真實故事，博士深藏在心裡數十年，從不輕易告訴人家，第一，「酒逢知己飲，詩向會人吟」，這故事太玄、太奇，面對一般人，他真不知該「從何說起」。第二，「不是不說，時候未到」，有曰：「知音說與知音聽，不是知音不要談。」話是要說給「有緣人」聽的，「無緣」的，他只

[illegible]這故事告訴筆者，答應讓筆者付諸文字轉

平跟他們的第一次VS。

楊日松博士六歲那年的農曆七月十五，隔壁一個叫「出礦坑」的村莊，在當地的城隍廟舉行了中元普渡的廟會活動，除了大演野台戲之外，地主「出礦坑」及附近村莊的老百姓，也挨家挨戶的出動，準備了三牲五禮，到城隍廟來參加祭祀，祈求平安。

髦髫稚齡的博士，當時也跟隨著家中的大人一起到城隍廟來拜拜。當所有的大人們虔誠的照著習俗禮數，一項一項的進行著祭拜儀式時，所有的小孩子等得不耐煩，便各自跑開私自活動。有的孩子跑去看野台戲，看得目瞪口呆；有的小孩跑去攤販那裡買這個、買那個；吃這個、吃那個。

「小」博士既沒有去看野台戲，也沒有去買玩具、吃東西，一個更有意思的「什麼」吸引著他的目光。瞧！在那香煙裊裊的長排供桌最前方，一個高大、奇醜無比的「人」站在那裡，望著供桌上層層排排的祭品若有所思。因為實在「太高」，又「太醜」了，「小」博士不禁看得目瞪口呆。

看到「小」博士盯著他看，這「人」竟然朝他咧嘴一笑，然後向「小」博士招招手，轉身入廟內。

「小」博士不由自主的一步步跟著他走入廟內。進得廟內，那「人」卻不見了，轉

頭四處尋視了一下，一抬頭，赫然發現那「人」定定的站在他的前面，只不過那「人」已不是人，那人已經是一尊神像，一動不動的塑在那裡。

「小」博士曾聽大人說過，城隍廟裡面有兩個長得很「醜」的神，高的是「大爺」，矮的是「二爺」。所謂的「大爺」、「二爺」，就是七爺、八爺，苗栗的鄉親們習慣上，都是以大爺二爺，或「高爺」、「矮爺」來稱呼。

「小」博士這時候知道，眼前的這尊神像就是「大爺」。而剛才，他看見了「大爺」。

七爺、八爺的職責是押解犯人到法庭。傳說中，如遇七爺神遊，只要跪地謝福，必獲蔭佑，所以稱他為「一見大吉，謝必安」；若遇八爺神遊，那就可楣運當頭，范（犯）無救了。而博士那時候還小，不知道這些典故，所以並不知道要馬上跪地謝福，只是盯著「大爺」的神像看。

大家都知道，大爺長的是吊眼吐舌，高大猙獰，一副「不敢恭維」的尊容，足以把小孩嚇哭，就是大人，也要望之生畏。「小」博士一開始也有些怕，但看著看著，久而久之，被祂「奇特」的模樣吸引住，倒也忘了害怕。他的小腦袋納悶的研究著，這位又高又「長」的神，為什麼要長得那麼「醜」？為什麼要戴這麼高的帽子？帽子上又為什

麼要「亂畫」著四個那是什麼字？為什麼右手要高舉著一把扇子？那扇子要做什麼用？為什麼眼睛要往上吊？這樣不難過嗎？為什麼要把舌頭吐得這麼長？吐這麼長好難看啊！

還有，為什麼衣服不穿整齊一點？坦胸露乳的不說，胸前那些「排骨」（肋骨），一根、二根、三根．．．．哇！總共十三根，好多喔！好多「排骨」喔！胸前這麼多的「排骨」暴露著給人家看，不會挨大人的罵嗎？

「小」博士看著大爺的「排骨」，突然對自己身上的「排骨」也好奇起來，低頭摸了摸，數了數，一根、二根、三根．．．．，咦？他的「排骨」怎麼比較少？算了半天才十根？

為什麼？為什麼「大爺」的「排骨」會比較多？整整十三根，會不會是自己眼花算錯了？

一、二、三、四．．．．．。「小」博士決心追根到底，仰著脖子又重新數起大爺身上的「排骨」來。但神像如此之高，他人又太小太矮，脖子「仰」久了，實在酸痛得不得了。於是，看看四周無人注意，「小」博士便溜到七爺腳邊，踩上了神像底座，攀著七爺的身軀，用他的小手一根一根的點著七爺胸前的肋骨數。

數得正起勁的時候，突然「噗哧」一聲，一種「憋了很久的癢」，現在才「忍俊不住」笑出來的笑聲，打他耳邊響起。「小」博士一下忘了數，左看右看，沒人啊？那這笑聲從哪裡來？

沒人？那就是自己「耳」花，聽錯了？不管他，重頭再數！一、二、三……「小」博士驀地又停住了手。不對，那種「噗哧」聲又響了。東看西看，還是沒人。「小」博士真的納悶了，為什麼他一數，那種笑聲就響起？他一停，那種笑聲也停？抱著試探的心，「小」博士用力的在七爺胸口上猛力一戳！

「哦……！」悶哼聲響起。

這回「小」博士聽得真切了，那悶哼聲是從頭上的七爺嘴裡發出。

哇！原來神像會「癢」也會「痛」，好好玩啊！一時頑心大起，在七爺身上亂搔亂癢起來。只聽得七爺笑得「花枝亂抖」，喘息吁吁。

正把七爺玩得「不亦樂乎」的時候，有一個大人發現了。這個大人大驚失色，連忙跑過來將他從七爺身上抱下來，口裡斥責著：「誰家的小孩，怎麼這麼頑皮？會給大爺責罰的！趕快拜一拜，請大爺原諒你！」這個大人蠻好心的，抓住「小」博士的手，朝七爺拜了幾拜，嘴裡喃喃唸著：「小孩子不懂事，大人不記小人過！大爺請原諒！」

這個大人拜完，便把「小」博士揪出廟外，嚴厲的說：「下次不可以再這樣了！」等這個大人一轉身走開，忙自己的事去了，「小」博士又溜回廟內。這個大爺太「好玩」了，他還要回去「玩」。

回到廟內，再仰頭看七爺，七爺又氣又怕的瞪著他，一副無可奈何的樣子。「小」博士再一次溜到七爺腳邊，想再攀上去「玩」他一玩。這時，有人在他背後揪住了他的衣領，並在他耳邊說：「玩得還不夠？」。

「小」博士以為又是那個大人，嚇得頭也不敢回的拔腿就跑。沒想到，卻被一把抓住：「別跑！跟我走，閻王爺要請你吃飯。」

閻王爺？他有沒有聽錯？「小」博士猛回頭，赫然發現背後站著的，竟然是矮小黑臉，身上佩掛著「鐵鍊」裝備的「范二爺」……

即使是數十年後講起這段往事，博士仍清楚記得當時他乍見「范二爺」，吃驚的景況。那范二爺臉黑如鍋底，眼暴似銅鈴。他的醜，跟謝大爺簡直是「棋鼓相當」，猛然一見，還真非嚇到不可。而那范二爺，見「小」博士被嚇一跳，連忙和善的咧嘴一笑，露出他那森白的牙齒來……。

存著滿懷的好奇、疑惑，筆者曾特地跑了一趟位於苗栗「出礦坑」的城隍廟。這座

邊。

緊挨著「中國石油探勘處」的城隍廟佔地並不大，環境清幽，風景宜人。進得廟內，謝大將軍高大的身軀「矗」立在廟門的右手邊；范二將軍「短小精幹」的守在廟門的左手邊。

合十膜拜，祈禱暗告之後，筆者斗膽，冒著「冒犯」的罪名之險，以指「點數」著大爺胸前的肋骨。乖乖！博士的記憶力真好，真是整整的十三根！自從「那次」一別之後，博士就沒再來過城隍廟，忽忽數十年。在歷經數十載歲月的洗禮、繁雜紛擾的俗務折騰之後，仍能清清楚楚的記得「大爺」胸前有十三根肋骨，可見得博士對當時的經歷，印象有多深。而且，其靈異經歷的「可信度」也不容置疑。

根據醫學上記載，我們人體上的肋骨，有真肋七根，假肋三根，和懸肋二根，總共加起來不過十二根。（博士小時候所以才摸到十根，是因為「懸肋」不和胸骨連接，摸不到。）為什麼謝將軍的肋骨，會被刻成十三根呢？這真是不解之謎。

而當時博士年僅六歲，為什麼會對「人體」構造有興趣？為什麼他不像其他孩子一樣，「哇！好多喔！」的「看看」就算，而要追根究底的去數「大爺」身上的肋骨有多少根？數完不算，還要研究自己身上的肋骨為什麼比較少？是不是冥冥中注定，日後他即將走上「法醫」這條路？注定他跟「解剖」人體，將有不解之緣？

有一點也是蠻令人好奇的。這是個城隍廟的廟會，閻王爺怎麼會出現在這裡呢？是否城隍爺趕著一年一度的屬於自己的「節慶」，請「上司」前來做客，「熱鬧」一下？這就像我們人類一樣，逢到自己的「地盤」上做拜拜，我們也會請自己的「上司」朋友前來吃拜拜，順便可以談談天，聊聊近況。「公關」嘛！

然而，前面所提的兩種疑惑，都不算大疑惑，都可以找到解釋。最令人感到好奇的；去看廟會的小孩子千百個，閻王為何獨「看上」博士，命「七爺」、「八爺」前來請他去吃飯？莫不是閻王那時已看出這個年僅六歲的小孩，將來的成就非凡？

當然，那些同時去看廟會的眾多小孩中，可能也不乏將來有大成就的，他們可能有些是將來的科學家、藝術家；可能有些是將來的政治家、大企業家，但那都跟他的「業務」無關，他無需跟他們有所牽扯。而這個年僅六歲的孩子，日後將為「人類」明諸多是非；斷無數黑白，平莫白之冤屈；張淪喪之正義。面對眼前一個正義的「明日之星」，閻王爺起了「惺惺相惜」、「惜才愛才」之心，請他同桌一道用個「便餐」，當城隍爺的座上客，也不是不可能。

而且，這個六歲小童，將來的「行業」和自己的「業務」將有這麼大的牽連，算起來，他與博士日後會是個「同僚」，（所不同的是，他們一個「判陽」；一個「斷陰」

）他們偶然在城隍爺家裡相逢，閻王爺禮貌的請他過去「一敘」，以盡「同事」之誼，也是「禮」所當然。

看到這裡，相信各位讀者與筆者一樣，非常著急的想知道，博士到底後來赴宴了沒有？那宴客廳豪不豪華？吃了哪些菜？這些菜是不是就是這些人間老百姓祭祀的供品？席間還有哪些「人」作陪？談了哪些話？那閻羅王和城隍爺長得什麼樣子？是嚴肅的？還是慈祥的？像不像陽間畫工所畫的？有沒有牛頭馬面兩旁侍候？最重要、大家最想知道的，閻王為什麼要請一個六歲的小孩吃飯？這個六歲的小孩跟他、跟冥界有什麼淵源？是不是就如前述所測，是基於「同僚」的情份，和「惜才愛才」的心理？或者他前世根本就是．．．．就是．．．．？

筆者把這一連串的問題都問了，但博士卻只是微笑搖頭。那搖頭，看上去並不像「不知道，所以我搖頭」；而像是「知道，但是我不能說」的搖頭。

這就更引人好奇了，為什麼不能說？是否博士跟閻王之間達成了什麼君子協定？難道他們之間存在著什麼「不可告『人』」的祕密？博士為了遵守諾言，「不方便講」，必須「三緘其口」？

或許是聽故事後續發展的「緣份」還沒到，或許真是「天機不可洩露」，總之，無

論筆者怎麼的「軟硬兼施」「千哀萬求」，博士就是不肯「出賣」閻王，把「真相」說出來。問急了，他只輕描淡寫的安撫我們：「且聽下回分解」。

「下回」？下回是什麼時候呢？是閻王「答應的時機」？還是「楊日松傳奇」這本書的下集？博士如此的「語焉不詳」，卻又如此的「胸有成竹」、「語帶玄機」，使得筆者這個「凡夫俗女」，時而如墜五里霧中；時而又彷彿能在這片茫茫霧中驚鴻一瞥的瞥見乍現的「天光」。

或許，我們應該期待「閻王答應的時機」；或許，大家可以等待「楊日松傳奇」第二集。至於什麼時候是「閻王答應的時機」？什麼時候可以見到「楊日松傳奇」的第二集，看官，「且聽下回分解」！

第三章

井口眞理子

——隻身女子遊台灣，身首異處慘人寰

來了！又來了！她那張蒼白、佈滿血絲的臉，又穿窗而入，朝他一寸、一寸的逼近了。一雙充斥著怨恨、憤怒的大眼，就這樣俯瞪著他，直勾勾的，像是要把他吞噬了般。

他雙手揮著、打著，企圖把那張臉趕走。

那張臉不但沒有被趕走，反而愈貼愈近、愈貼愈近．．．．簡直就要碰到他的臉了；甚至，他彷佛感覺到了她冷冷的吹氣，在臉頰上拂過．．．．。

他大叫一聲，從床上驀地驚起。

汗，他一頭一臉的汗；身上的汗衫，也已緊緊的濕黏著肉體上。

佛珠呢？護身符呢？他瘋狂的四處搜尋，卻發現仍然緊捏在手上。

怎麼回事？佛珠不是可以驅鬼，護身符不是可以保平安的嗎？他身上帶著這些東西，怎麼她還可以輕易的進來？怎麼還可以這樣子近近的靠近他？難道是他罪孽深重，連神都不保護他了嗎？

他崩潰的拔腿跑出房間，衝出屋外，鑽進停在門口的計程車裡。是不是佛珠太少，護身符不夠？計程車裡有更多的神像、更多的符咒，車窗上還貼滿了佛經，或許可以擋一擋真理子的冤魂．．．．。

但是，難道他再也無法擺脫真理子冤魂的糾纏了嗎？難道他要永遠過這種不得安寧的日子了嗎？

原諒我吧！真理子！饒了我吧！真理子！

＊＊＊＊　　＊＊＊＊　　＊＊＊＊

是四月七日吧？那個下午，他在火車站附近遇見了風塵僕僕的井口真理子。她指著一張地圖上的某個名勝古蹟，操著日語向他問路。

一陣搭訕之後，真理子上了他的計程車，讓他載著到高雄的各個觀光景點遊覽玩了一個大白天。也許是他一直表現得規規矩矩吧，她竟然完全信任了他，到了晚上，又跟著他到他的家裡過夜。

他三十三歲，是身心發育正常的男子，平日對女色就有偏好，跟妻子分居之後，寂寞時常啃噬著他的心。而眼前，一個青春年華的女子單獨跟他在屋裡，睡在近在咫尺的床上，他怎能不動心？怎能不起念？

就在那個晚上，他幹下了滔天大禍。

她肯跟他回來過夜，也許是對他也有點意思吧！他心裡這樣想，為自己找個接近她的藉口。

但沒想到，她卻一口回絕了他。

他惱羞了，無處宣洩的慾望，矇蔽了他的心；他著魔似的拿起一旁的大型十字弓，朝她射去……。

等一切都重歸平靜，望著趟在血泊中的真理子，他的心智逐漸清醒過來。從來也沒想到自己會成為殺人兇手，他既後悔又害怕，怎麼會做出這種事呢？萬一東窗事發，他的前程不是完了？不！不行！絕不能讓別人知道，他不要坐牢，他不要自己大好人生的最精華部份，都在獄中渡過。

可是，人已經死在他家裡，他怎麼辦呢？

湮滅證據！他腦中閃過這個念頭。真理子是個外國女子，親人不會這麼快就發現她的失蹤；就算最後發現了，也可能是事過境遷之後的很久很久了。那時，所有的可能證據都已年久失真，想破案也不是那麼容易了。

打定主意，心緒一直激動高昂，起伏變化不能自主的動手分解真理子的屍體。他先將屍體的頭顱切割下來，再將軀體分解成若干塊。把頭顱裝在垃圾袋裡，讓垃圾車當垃圾載

走之後，他又將分解的屍塊包裝好，親自騎著機車，載著往台南方向走。他曾聽真理子提起，她旅行到台南時，曾有個好心的李先生接待她，他如果把屍塊棄在李姓男子家附近，將來即使案子爆發了，嫌疑最大的，自然也是李先生了。

把屍體的事都處理完了，他又開始用清潔劑清洗家中牆上、地板上的血跡，燒燬家中的一些可能留有痕跡的器物。最重要的，真理子的遺物，和兇器十字弓，更是非丟棄不可。

他沒料到的是，他神不知鬼不覺的處理好一切湮滅證據的事宜，卻難逃自己來自內心的譴責。夜夜，他都夢見真理子來向他索命；真理子的死狀，時時刻刻浮現在他腦海、眼前。於是，他跑遍了附近的各個神廟，求來一堆神像、護身符．．．。

然而，即使把自己埋在神像堆裡也沒用，就像今晚，真理子照樣穿窗而入；照樣追他追到計程車上來。是不是他這輩子再也擺脫不了她了？

他還聽說他埋屍的地點出了靈異的事件，有人看到無頭女身從樹上飛撲而下；有人每夜接到講日語的長途電話；有小女孩晚上老說她看到對面有骨頭。更莫名其妙的，在他埋屍處，曾經數度無名火起，勞動消防隊員前來救火．．．。

每個靈異事件像塊大石，重重的壓在他胸口，讓他喘不過氣來。曾經，他想到，與

其長年被良心糾纏著，不如乾脆了結自己，跟她到陰間贖罪吧！但是，自殺絕對要比殺人有著更大的勇氣；他有勇氣在別人的腦袋上開弓，卻始終提不起自殘的手……。

他不知道自己還能在法網外待多久？警察前陣子已來調查過他了，雖然被他全力否認，暫時逃過了，但誰知道還能瞞多久？不是有句話：「法網恢恢，疏而不漏」嗎？

「劉國強，你還是從實招來吧！」果然沒多久，警方又再度找上他了。

所以再度找上他，是因為法醫楊日松在檢驗過他家後，發現他家裡的牆壁、地上，都有強鹼反應，認為他曾以清潔劑、消毒劑清洗過房子。另外，警方又查出，在真理子失蹤的那個月份，他家的用水量足足多了五度。這平白多出的五度的水，平日不愛清潔的他，是做什麼用的？還有，鄰居們多次發現他在家中後院燒東西，他燒的是什麼東西？

楊日松？他頹然了。這個代表著社會正義、擁有不能置疑的公信力的現代包青天，有誰能在他精確無比的醫學檢驗下，僥倖遁逃的？一咬牙，他豁出去的點下了頭：是我！是我幹的！……

＊＊＊＊　　＊＊＊＊　　＊＊＊＊

望著一步步向檢驗室走來，風塵僕僕、滿臉哀傷的憔悴婦人—井口久子，楊日松心中異常的激動，早年習受過日本教育對日本有著一份特殊的感覺，而這一案件又損及臺灣的國際形象，他的心，隨著她的步伐，一陣緊過一陣。

他要如何告訴這位可憐的婦人，眼前，檢驗檯上成堆的骸骨，正是她的心肝寶貝女兒，井口真理子？！相信這位千里迢迢，從日本趕來找女兒的媽媽，這時的心裡還抱著一線希望，希望這堆被挖出來的骸骨，不是她的女兒；希望她的女兒還好好的活在某個地方，只是因為某個原因，不能跟她連絡．．．．．。

而面對這樣一個還抱著最後一線希望的媽媽，叫他怎麼忍心斬斷她的希望？叫他怎麼忍心在她已負荷過重的脆弱心靈上，再劃上血淋淋的一刀？

井口久子終於走到他的眼前了。跟她四目相望，楊日松羞愧、歉疚之心打心底湧起，彷彿這件命案是他做的一樣。不是嗎？她，井口真理子，日本御茶水大學的女學生，一個嚮往台灣風光的異邦女子，遠遠的從日本渡海而來，只不過是單純的想領略一下台灣的風土人情，欣賞一下台灣的美麗風光，而台灣竟沒有善盡地主之誼，令她命喪異邦，成了一堆棄骨，我們還有何顏面號稱「禮儀之邦」？眼觀白髮慈母遠渡重洋哭尋愛女

，迎接到的卻是一堆白骨，於心何忍？情何以堪？他為他的歹徒同胞羞愧，也為身為歹徒的同胞羞愧．．．．。

日本這個地方博士去過，從前他就是在那裡留學的。雖說有一陣子中國跟日本是仇敵，但老百姓之間的交往，仍是熱情的、善良的。博士對那個曾經給過他這個離鄉遊子諸多溫情的地方，是懷有著一份幽幽之情的。而若干年後，他卻用在那個地方習得的技術，檢驗那個地方來的一位女孩的骸骨，同時還要面對從那個地方來的一個傷心欲絕的母親．．．．。這種感覺真是難以形容；博士甚至覺得，這個虧欠，不是個人的虧欠，而是整個國家社會對他們的虧欠。

真理子的遇害，不僅在台灣社會造成了轟動，在真理子的故鄉—日本，也對這件命案投下極大的關注。不但新聞界將這個命案列入他們的年度十大新聞，有關方面，還將台灣列為旅遊的「危險地區」。台灣的國際形象，因為這個命案，面臨了極其嚴厲的挑戰。而這一切，只因為一個人的逞其私慾，這個人成為台灣的害群之馬。

在檢驗這些骸骨的時候，博士的心裡其實是跟井口久子一樣的。他也希望這堆骸骨不是真理子的，希望真理子還活著。但，根據他對挖出的七十多塊完整人骨，和四百多塊碎骨檢驗的結果，博士的希望破滅了。這堆骨骸無論是性別、身高、年齡、血型、被

分屍、焚屍的痕跡特徵，以及死亡時間的推算，在在顯示出，她就是井口真理子。

因為這些骨塊腐敗的情況嚴重，沒有辦法做DNA鑑定，他僅能以來自骨骸檢驗的結果，跟井口真理子生前資料的比照，來跟久子解說。比如，根據人體骨骼計量方式來推算，這堆骨骸中的小腿骨、手臂骨長度，顯示它主人的身高不超過一百六十公分。骨盆具備女性的特徵，且未曾生育過。又比如，骨骸頸部的脊椎骨和左肩胛骨部位，有刀砍過的痕跡．．等。

井口久子邊聽著解說，邊流著淚；及至說完，她已泣不成聲。

博士忍不住，也紅了眼。他太了解她為什麼哭了，他的解說如此詳盡，她幾乎可以想見當場那個畫面，好好一個青春年華、活蹦亂跳的女兒，平常在家裡可能都忍不下心打一下、罵一下，而卻在異域慘遭辣手分屍，那一刀刀，宛如砍在她的心上。如果可能，他相信久子一定寧願那些刀都是砍在自己的身上啊！．．．．

又想到自己，這輩子解剖過數萬計的屍體，每具屍體都有他的悲慘故事；每個悲慘故事都賺人熱淚。每檢驗一具屍體都要傷一次心，因此，只要是他能發現的，哪裡有冤屈，他就要在哪裡，他永遠會在他的工作崗位上，一次又一次的幫助那些需要幫助的人，守住社會最後的一道正義防線。

有云：「天理昭彰，報應不爽。」又云：「善有善報，惡有惡報；不是不報，時候未到。」但願有一天他不必再面對冤死的屍體；但願有一天，他不必再跟著斷腸人傷心……，他祈禱。

第四章

夜審八爺

——八爺顯靈，姦殺民女？

法醫是一項非常講求「科學」和「理性」的工作。按理說，「科學」和「理性」是很難跟「靈異」、「迷信」扯上關係的，因為「信則有，不信則無」嘛！但楊博士這一生中，卻經歷過許多無法解釋的「靈異」事件，這些「靈異」主動要向他靠攏，要跟他牽扯，說真的，他也「莫可奈何」。就如我們又敬又畏的「七爺」「八爺」，時不時的就要來跟楊博士 touch 一下，他避也避不掉。

在多次與「七爺」「八爺」的VS中，令楊日松印象最深刻的，莫過於發生在桃園縣境內的一樁女屍命案了。所以印象深刻，是他為了這樁命案，膽敢大義滅親、鐵面無私的「卯」上七爺、八爺。

大概十多年前，桃園縣的某個小鎮，有一間興建多年的「文昌宮」落成了。為了慶祝新廟的落成，民間除了舉辦一連串的廟會活動之外，也「依例」請來了歌仔戲班，在廟前廣場演幾齣歌仔戲，以壯「聲色」。

就在廟會活動結束，日落黃昏之時，在廟旁的菜田裡，突然有人發現躺了一具女屍。那女屍雖然是一副「死相」，卻看得出相貌是十分的姣好。發現「漂亮女屍」的消息馬上傳遍了這個小鎮，許多民眾都跑來「共襄盛舉」的看熱鬧。警方據報，立刻趕來維持現場秩序，並且做著現場蒐證的工作。楊日松當時也被請來幫忙做現場的勘驗。

楊日松到了現場後，查看了一下，一口就判定死者是死於「姦殺」。

「姦殺？！」一個純樸的小鎮，又是神廟聖地，居然會發生這種駭人聽聞，人神共憤的事，立即引起極大的震撼。

議論紛紛之餘，大家都期待著仍在勘驗現場的楊日松，能繼續發現更多的蛛絲馬跡，以幫助了解案情。突然，楊日松發現了什麼，握起死者的鞋子，盯著鞋底看。大家以為他又有什麼新發現，都睜大眼等著他發表意見。但楊日松什麼都沒說，他反問現場的圍觀人群，誰認識死者？最後看見她是在哪裡？什麼時候？

一個民眾站出來說話了：「戲剛開鑼的時候，我還看到她站在戲台下看戲，但不久她就離開戲台下，走進廟裡面去了。她進去後，好像就沒見到她出來。起先我還以為是自己看戲看得太入神了，才沒看到她離開廟宇，沒想到她是遇害了。」

楊日松聽到這話，眼光一閃，放下死者鞋子，站起來，便逕自往廟的方向走去。包括檢查官、分局長、刑警在內的「大家」，不知道他要做什麼，都好奇的後面跟著走。

楊日松的腳才踏進廟口門檻，便眉頭一皺的停住了腳，盯住安放在廟內兩邊的七爺、八爺看。然後，他走到八爺的神像邊，上下仔細打量了一陣，最後盯著地上八爺腳邊的一條鐵鍊看。這時候的他，彷彿胸有成竹，但卻仍不動聲色，什麼都沒有說。

「快把廟方所有的人找出來，我有話要問。」就在大家不知他葫蘆裡賣的什麼膏藥時，楊日松突然開口了。

很快的，廟公和徒弟李文生都被叫了過來。

「有人看到死者進到你們廟裡，就沒有再出來，現在她的屍體被發現在廟旁的菜田裡，你們有什麼解釋？」楊日松盯著廟公師徒二人問。

「她有進到廟裡來啊？我不知道呢。」廟公一臉茫然。

「我一直在忙廟裡的事，不知道她有進來過。」徒弟李文生也是滿臉困惑。

「你們有沒有發現你們廟裡的八爺神像，今天有點不一樣？」楊日松又問。

「不一樣？」廟公把眼光投到八爺身上，這才「大夢初醒」的發現八爺有「異狀」，大驚小怪的叫了起來：「哎呀！怎麼會這樣？位置變了，方向偏了，咦？手怎麼也歪了？鐵鍊呢？八爺手上的鐵鍊呢？．．．．．哎呀！怎麼會掉在地上？」

經他這麼一叫，大家這才注意到八爺確實有點不對。鐵鍊是八爺隨身的「裝備」，它應該是在八爺的手上拿著，怎麼會落到地上呢？

「文生，這是怎麼回事？八爺怎麼會變成這樣？」廟公轉頭責備的問徒弟。

「我也不知道啊！我也是現在才看到。」文生充滿驚奇。

「那麼說來，八爺會變這樣，不是你們搬動造成的了？」楊日松問。

「沒事我們搬動八爺做什麼？」廟公斷然否認。

「就是說啊！神像是不能亂搬亂動的。」李文生也附和著。

「你們沒有搬，外邊的人又都是怕七爺八爺的，更不敢隨便動，那．．．．。」

楊日松沉吟一下，來回踱了幾步，回頭看看廟公師徒，又看看八爺神像，「那．．．．只有一個可能了．．．．。」

大家都瞪著楊日松，等著他把那個「可能」說出來。

楊日松突然停下踱步，瞪著八爺神像半晌，驀地冒出一句話：「八爺，是你自己移動的！」。

楊日松此言一出，全場錯愕，面面相覷。八爺是尊雕像，怎麼會自己移動？這個楊博士是不是辦案辦昏了頭，不然一向「科學」的他，怎麼會說出這樣「不科學」的話來？

「這個命案八爺你涉有重嫌！」楊日松語不驚人死不休，緊接著又指著八爺的鼻子，爆出這句驚天動地、駭人心神的話。

幾秒鐘之後，大家才在驚愣中，回過神來。頓時四周響起嗡嗡的低議聲，這個楊博

士真的「有問題」了，先撇開「科學」的老調不談，在民間，七爺和八爺的身份何其「重大」？光憑他們「勾魂使者」的名號，已足以讓人聞之喪膽了，他竟還敢指著八爺的鼻子罵，難不成他向閻王爺借膽了？俗話說：「閻王好惹，小鬼難纏」，七爺、八爺雖不是什麼難纏的「小鬼」，卻也不是什麼「好惹」的官，他難道就不怕惹惱了七爺、八爺，為自己找上麻煩？

難道是八爺在抗議楊日松說的話？原本平靜無波的夜空，這時候突然刮進來一陣陣涼，——外面起風了。遠遠的天邊，團團烏雲快速的移動，為這個新到的夜，憑添一股詭異。

就在大家徨徨不安之際，楊日松突然又一個很奇怪的動作，引起大家的注意。只見他忽然將耳附在八爺嘴前，聽得十分辛苦的模樣：「什麼？你說什麼？說大聲一點，沒聽清楚。」

全場頓時鴉雀無聲，一片靜悄悄。楊日松這種舉止分明是‧‧‧‧是在跟八爺說話？這‧‧‧這‧‧‧‧？？？？！

楊日松傾聽一會兒，忽然反應強烈的反駁說：「沒人搬動你，你的身體卻移動了，難道我不該懷疑你嗎？」

楊日松靜靜聽了一會兒，彷彿八爺正在回話。突然，他瞪眼大聲說：「好，那你說，你不待在閻王爺跟城隍爺身邊，跑來這間文昌廟做什麼？文昌爺駕前根本沒有『勾魂使者』這個缺，你跟七爺根本不屬於這裡。」

楊日松又再傾聽一下，突然快步走到文昌爺的桌邊，拍著桌子：「大家靜一靜，我要夜審八爺！」

這無疑又是丟了顆炸彈，驚爆四座。有沒有聽錯？竟然要夜審八爺？楊博士莫非是「抓狂」了？

「八爺，你過來。」楊日松端坐椅上，口裡這樣呼喚著。

大家的心撲通撲通狂跳不已，八爺真的在這裡嗎？那他此刻會在哪個角落？你的身邊？我的身邊？一時之間，大家都「疑神疑鬼」，緊張兮兮的東張西望。

而此時，外面的風起得更大了，這風捲起漫漫沙塵，遮蔽了殘餘天光；掩蓋了早昇月色。誰都知道這是下雨的前兆，但沒來由的，仍感到一陣陣頭皮發麻。

此時的楊日松，像八爺就站在前面一樣，向堂中抱抱拳，嘴裡說著：「范將軍，今天先撇開交情不談，我們公事公辦，有得罪的地方，請海涵。」說到這裡，語鋒一轉，臉一沉，猛一拍桌：「范將軍，我懷疑這件命案是你幹的，你見色顯靈，姦殺民女！」

圍觀的人聽到這裡，莫不倒抽一口涼氣。八爺顯靈，姦殺民女？！這．．．這會是真的嗎？

楊日松繼續說著：「如果我的推斷沒錯，這個女的進到廟裡來的時候，你看她長得漂亮，動了凡心，起了色念，試圖強姦她；她拚命掙扎反抗，拉扯間，你撞歪了手，手上的鐵鍊也因此掉落地面。最後，你還一不做、二不休，把她的魂給勾走了，讓她暴屍菜田。」

楊日松言之鑿鑿的一口氣說完，使得在場所有的人幾乎都認定八爺果然是個殺人兇手！可惜的是，大家看不到八爺的反應，也聽不到八爺的辯詞。

但是，廟外的風聲更緊了，夾雜著呼呼哨響，襲廟而進，打轉了一圈之後，捲廟而出。緊接著，嘩啦嘩啦下起雨來。這雨聲在風不規則的吹襲下，抑揚頓挫，時而尖嘯強烈；時而慢舞緩聲。彷彿是八爺對楊日松發出的辯詞。

傾聽著的楊日松，忽然手一擺，像是阻止八爺再說下去：「你太激動，別說了！」頭一偏，向著七爺神像招招手：「謝將軍，你來一下。」

楊日松的目光從七爺神像處，慢慢的往堂中移動，彷彿是看著七爺的身影一步步走向堂中。

「七爺，你跟八爺一向是焦不離孟，你告訴我，八爺這一身的傷怎麼來的？手為什麼會歪掉？鐵鍊又為什麼會掉在地上？」說完，還沒給七爺回話的時間，又緊接著說：「謝將軍，我知道你跟范將軍一向是手足情深，這個案子事關重大，你要為你所做的證詞負責。如果你有所偏袒，就是製造偽證，知道嗎？」

「……。」

楊日松點點頭，「知道就好，你說！」

「……。」

楊日松聽著，以非常鄭重的語氣說：「謝將軍，這可是關係到一個人的名譽……。」點著頭又說：「好，那你能指出誰是兇手嗎？」

「……。」

楊日松突然站起來，環視四周：「你說兇手就在現場？」

頓時，現場起了一陣騷動，大家你看我，我看你，好像旁邊的人都變成了「嫌疑人。

楊日松急急走到堂中，站在那裡比手劃腳，彷彿正在跟七爺、八爺交頭接耳的討論案情。一會兒，他轉身向大家搖著手：「安靜！安靜！大家聽我說幾句話。我已經知道

兇手是誰了，不過，我想給他最後一個機會，如果現在出面承認，還可以算是自首，罪刑可以獲得減輕。如果再還執迷不悟，那我也沒辦法了。」

大家安靜下來，楊日松犀利的眼光掃了四周一圈，等了良久，仍沒人出面承認。

「好吧！那我只好當面指出來了。」想了想，又說：「不過，七爺跟八爺講話光我一個人聽到，或許大家不信，那麼……這樣好了，八爺，你替人揹了黑鍋，你自己想辦法把他指認出來吧！」

楊日松說著，逕自走到八爺神像邊。大家也好奇的圍上來，想看楊日松怎麼讓八爺指認兇手。

只見楊日松一拍八爺神像：「范將軍！誰是兇手？」

說也奇怪，八爺歪掉的手，經楊日松這麼一拍，被震動到了，竟然一個旋轉，指尖朝某個方向指去。而這個指向，正好穿過人跟人之間的空隙，朝向更遠的某方。眾目跟著指向一起望去，李文生！八爺指的這個人正是廟公的徒弟李文生！

李文生乍見八爺指來的手指，頭腦轟的一聲，臉色慘白。再看到睽睽的眾目朝他盯來，他腳一軟，噗通跪了下去。怎麼會？怎麼會？他因為心虛，不敢跟著圍過去，他讓自己站得這麼老遠，八爺怎麼就這麼神準，穿過層層人牆，一指就指向他？難道真是老

天有眼？真的是法網恢恢……。

在八爺的「監視」下，李文生全盤供出了他的犯案過程。

白天，他在廟裡清理供桌時，驀地眼前一亮，廟門口，走進來一位漂亮的小姐，修長的雙腿，玲瓏的身段，走起路來，柳腰款擺，搖曳生姿。一張嬌俏的臉龐，出落唇紅齒白，生成眼秀眉清。在廟裡暈黃的燈光照射下，真猶如落入凡間的仙子。他不禁看呆了，整顆心「大象亂撞」，怦怦狂跳不停。一股火熱的什麼，打他的下腹昇起，直衝腦門。

他掉了魂似的，情不自禁的跟在她的身後，亦步亦趨。小姐彷彿嗅到了危機，轉身要出廟，他下意識的拉住她，不讓她走。女孩家力氣小，像被箝住了般，掙脫不得。他一直把她拉到內廟，他需要發洩，否則體內的五臟六腑即將被焚焦。

之間，小姐曾揚聲呼救，但外面歌仔戲的喧囂吵嚷，把她的呼救聲蓋住了。小姐也曾奮力掙脫一次，但只跑到前殿，就被他追回。就在前殿，八爺的身旁，他與小姐拉扯間，撞到了八爺，撞歪了他的手，也撞落了他的鐵鍊。

最後，他把小姐拖回了廟裡，強暴了她。又因為她的強力抗拒掙扎，他無意中害殺了她……。他把她的屍體丟棄在廟外的空心菜田裡，希望能把一切嫌疑也一併「丟

」掉。沒想到丟得掉屍體，丟不掉嫌疑，他還是難逃天眼……。

＊＊＊＊　　＊＊＊＊　　＊＊＊＊

後記：

究竟，楊日松在陳屍現場看到了什麼？死者的鞋子透著什麼玄機？為什麼後來他要捨棄陳屍現場，轉而向文昌廟偵查？

楊日松的回答是，他發現死者的鞋底乾乾淨淨，並沒菜田應有的濕泥，所以推測菜田並非第一現場。

反過來看，文昌廟的八爺身上這麼多的「毛病」，分明是經過拉扯衝撞的痕跡。於是大膽假設，文昌廟就是第一場。

很令人好奇的是，在「夜審八爺」這個故事中，楊日松到底是真懷疑八爺幹了壞事呢？還是他只是跟七爺八爺合演了一齣戲，好誘出兇手？如果是後者，在完全沒有腳本，沒有排演的情況下，他們憑的是什麼默契，把一齣戲演得這麼逼真、這麼天衣無縫？這些默契需要經過多少年的交情才培養得出？

而在「審問」的時候，楊日松是真聽到了七爺八爺跟他對話呢？還是從頭到尾都是他自己在自導自演、自說自話？

還有，到底有沒有七爺、八爺顯靈這回事呢？如果沒有，八爺的手怎麼會「好巧不巧」的指向躲在人牆背後的李文生？如果沒有，楊日松怎麼敢這麼「放心」的把「指認」這個重責大任「託付」給八爺？萬一他指錯怎麼辦？

如果真是七爺八爺顯靈了，那為什麼大家都看不見，唯獨楊日松可以目睹？楊日松究竟具備了什麼「法眼」？而楊日松竟然「膽敢」審問七爺八爺，是否意味著楊日松的「官階」比他們大？如果真是如此，那麼楊日松的「官階」到底大到什麼程度？又是個什麼「官」呢？

各位看官，我們不妨猜一猜！

第五章

魂斷情人谷

——辣手摧花天不容

林正昭心情緊張的望著門口，一顆心怦怦跳個不停。

等一下，鼎鼎大名的法醫楊日松，就會從那個門進來，見他這個「情人谷姦殺案」的嫌疑犯。

警察沒告訴他，楊日松要見他做什麼，只是把他帶來這裡，叫他等著。他不能說不，因為楊日松是董明方的驗屍法醫，如果說不，警方又會再三逼問，為什麼不敢面對楊博士？是不是心虛？

為了表示自己並不心虛，也為了證實自己的「清白」，他只能接受安排，待在這裡等他。

楊日松為什麼要見他？莫不是他在董明方的屍體上，發現了什麼蛛絲馬跡，要來向他求證？

鎮靜！一定要鎮靜！在楊日松面前，絕不可以自亂陣腳。楊日松在醫學界、司法界、警界，擁有這麼崇高的地位，絕非浪得虛名，他一定有他一套不容小覷的本事，自己千萬要小心應對，以免露出什麼馬腳。

當然，如果能選擇，他會寧願選擇不要面對楊日松。

多少年來，他經常在報紙上看到楊日松「明察秋毫」的驗屍事蹟，經由他驗過的屍

，不計其數。他幫助警方解了無數的惑，破了無數的案子。警方對他依賴程度，真可以說是到了「嬰兒對母親」的地步。如果說警察是人民的「褓姆」，那麼楊日松就是警察的「褓姆」。

同時，他也是歹徒的「剋星」，多少狡猾的歹徒在他的法眼下現形；多少「被害者」的沉冤，由他昭雪，楊日松這個人真是．．．．真是可怕！

要面對這樣一個「可怕」的人，說真的，他擔心這個約會並不好混。

門開了，走進來一位中年人。雖然從來沒見過楊日松的真面目，但這個人一走進來，他就知道他準是楊日松。

來了，楊日松終於來了，好吧！有什麼招數儘管使出來，他接招便是。

坐定之後，楊日松與林正昭四目相對。

只需幾秒，楊日松心裡馬上知道，這個人的內心，正處於不安狀態。

這些年來，他「閱屍」無數；也「閱人」無數。以他的經驗來說，要「解讀」一具屍體，就要觀察屍體上任何微末細節；要了解一個人，就要看他的眼睛。

一具屍體再怎麼腐敗，總還有個蛛絲馬跡可以尋獲；一個人的嘴巴再怎麼緊，眼睛總會洩露一些祕密。

屍體會說話，人的眼睛也會說話。

眼前這個林正昭，表面上雖然毫無異樣，但眼睛游移快速，閃爍不定，顯示了他內心某種程度的緊張和不安。

不過，林正昭的緊張與不安，也不能代表什麼。被警方和法醫約談，正常人多少總會有點疑慮和不安的。

本來，他大可不必跟林正昭約談的；他的職責只需把屍體鉅細靡遺的驗妥，儘可能的提供所得到的資料給警方即可。然而不知怎的，他就是想來看嫌犯，他就是想為董明方多盡一份心。

太慘了！

她，荳蔻年華、含苞待放；她，活潑快樂、品學兼優。這麼一個青春洋溢、快樂奔放的少女，就因為一次出遊，從此走上了不歸路。

情人谷！

是誰取了這樣一個浪漫的名字？它誘使著無數喜愛編織美夢的少男少女前往探訪。也許真有少男少女在那裡圓了美夢；也許真有一些有緣人在那裡迸出了愛的火花。但，一朵嬌艷的鮮花，在吸引成群的蜂蝶飛舞之時，也可能同時招來猙獰醜惡的毛毛蟲。「

情人谷」就是這樣一個存在著美麗；也存在著醜陋的地方。

董明方像隻被好山好水吸引的蝴蝶，盡情的在裡面飛舞、陶醉。沒想到的是，她會離群，她會走失。就在那時，兇殘的捕蝶人出現了，她被網住，被摧殘；她變成好山好水裡的一縷幽魂．．．．。

浪漫的名字辜負了她。

好山好水辜負了她。

這世界辜負了她。

五天之後，她已是好山好水裡的一具腐屍。她摯愛的父親找到她時，她只剩一隻完整的手錶可以供他確認她是他女兒。

嫩枝早折，青梅先入土，真是情何以堪啊！

最可憐的是，董明方的父親這次已經是第三次失去孩子了。早在六、七年前，他的大女兒董明珠，在家中遭到傭工李萬松的逼姦不成，也慘遭勒斃。李萬松還帶著董家四歲的么兒董世正潛逃。在警方的四處緝捕下，李萬松竟然抱著四歲的么兒畏罪跳河自殺。

一連串的失去骨肉至親，世間還有比這更悲慘的嗎？

他自己也有五個兒女，平常有什麼冷冷熱熱的，他都操心得要死，更不用說磕磕碰碰的受到什麼損傷了。

他無法想像，如果他的子女也遭受這些意外，他能不能熬得過去？

雖然他因工作忙，真正跟兒女相處的時間並不是很多，每次他都要因為工作跟他們分離。但是他每出一趟門，都知道自己必將回來，知道自己還可以在溫暖的屋裡，跟這個照照面，跟那個碰碰頭。即使偶而有很多天出差在外回不去，但他心裡清楚知道，在北台灣的萬家燈火裡，有一盞是他家的。他的家人，他心愛的子女都在那盞燈下待著，有一天他會回去跟他們相聚，享受天倫。

這是一種充滿「期待再見」的分離；是一種值得「暫時走開」的分離，他從不厭倦，樂此不疲。

而董家父親的分離卻不是；跟兒女這一別，是一種將永不得見的分離，是一種「天人永隔」的分離。

白髮哭黑髮，他的心跟著董明方的父親碎了。

他驗出董明方下體有精液反應，氣管被割斷，是個非常殘暴的強姦殺人案。

董明方陳屍的地方太荒僻，警方研判兇手應該跟地緣有關。經一番過濾，查出了住

在離現場不遠處的居民林正昭涉嫌重大。

林正昭矢口否認涉案。

他心裡有股氣，有股惱，他想面見林正昭，他想知道，這人神共憤的案子，究竟是不是這個人幹的。

他深深的注視著林正昭，緊緊的扣住他轉動的眼珠，想從他眼底窺探出他心底的祕密。

本來還想跟他對峙的林正昭，在他炯炯的注視下，開始有點膽怯了。他這是什麼眼光？難道他看出了什麼？不可能呀！他再怎麼厲害，終還是個人啊！是人就不可能未卜先知，是人就不可能洞悉一切。

那麼，是他虛張聲勢了？

鎮靜！鎮靜！別讓他嚇到了！

楊日松盯著他陰晴不定的眼神，心裡有數了。這個人鐵定有問題。

林正昭的眼神，除了一開始的緊張不安，現在又多了一層心虛。心虛是掩不住的，它就像一個原本充滿了氣的汽球，開始一點一點洩氣。

心虛就好，人一心虛，就容易露出馬腳。

好，鬥智開始，一場心理戰就此吹號上陣罷！

他先東拉西扯的跟林正昭閒聊，減低他的防備心。然後出其不意的問起他最近五天的性生活情況。

林正昭呆了呆，他有沒有聽錯？這是什麼問題？就算他的性生活正常，他也不可能拿這當話題，告訴一個陌生的人啊！何況他的性生活根本就．．．就．．．這個楊日松、楊博士、楊法醫，到底在搞什麼鬼？

林正昭搖搖頭，拒絕回答。

楊日松微微一笑，林正昭不肯回答，他倒並不意外。

「你不說沒關係，我還是可以從你生理的部位，檢查出實際情形。」楊日松笑笑說。

林正昭一愣，真的嗎？真的檢查一下就可以知道嗎？不可能吧？可是，看楊日松那副神色自若、篤定堅決的神情來看，好像又不假。

到底要不要說呢？林正昭在猶豫。不說吧？怕人家冠上「心虛」的罪名；說吧？他的性生活這樣．．．．這樣異常，叫他怎麼說得出口？

不知怎麼搞的，他一看到女性，尤其是十多歲的少女，渾身上下就很難過，好像千

萬條蟲在心裡、在身上鑽動，怎麼都克制不下來。這時，他如果不找個地方發洩一下，好像都要活不下去的感覺。

而且，他性衝動的次數非常頻繁，每天要，甚至一天要兩、三次。要不是有「妓女戶」這個地方供他發洩，他無法想像自己要怎麼過日子。

像這樣的性生活情形，叫他怎麼好意思說？

但是，可能不能不說了，楊日松既然能檢查出來，再瞞他也是枉然。與其讓他檢查出來，難以自圓其說；不如自己說出來，還可以理直氣壯的在「我敢講出來，就表示我沒有。」的夾縫中求得一線生機。

看著林正昭猶豫不決的神情，在「神態自若」包裝下的楊日松，內心其實是很緊張的。如果他真的不肯說，說真的，他也沒辦法。

林正昭又看了看他。半晌，終於點下頭，表示他願意說。

聽完林正昭詳述自己的性生活，楊日松心裡一鬆，忍不住露出微笑。這場心理戰，他是打贏了。這個林正昭，性衝動異於常人，有色情異常症，董明方這個案子，他絕對是涉嫌重大。這是一個寶貴的線索，把這個最新線索提供給警方，對案件一定有突破性的幫助。

幾天後，警方宣佈破案。凶手正是林正昭。

打敗心理戰的他，知道大勢已去，俯首認罪。他說他是在慾火難消之時，正好看見落單的董明方……

幽幽情人谷，倩女斷魂處。

哀哀老父心，天下同聲哭。

想到這裡，楊日松恨不得馬上回到家裡，跟他的寶貝兒女在一起。

第六章

殺人狂魔

——都是吸膠惹的禍

廖敏德驀地猛站起來，瞪眼看著手上的報紙；兇手是同一個人？！有沒有搞錯？楊日松怎麼知道？

被他殺死的那兩個人，一個是在學女高中生；一個是街頭流浪漢。一個是利刃封嚨，切斷頸部大動脈，橫屍陸橋上；一個是斷頭、截肢、去勢，棄於地下防空避難室。這兩個死者之間，無論身世背景、被殺狀況，完全無關連性，楊日松是怎麼驗出來，他們是死在同一個人手裡？

「下刀的刀法相同」，報上的楊日松這麼說。

這太不可思議了，他下手殺女學生和流浪漢的時候，完全是在神智不清的情況下，連他自己都不知道他是用同樣刀法殺的，這個楊日松居然可以單憑驗屍就看出端倪，這……這不是太玄了嗎？難道楊日松是千里眼？難道楊日松是神通？

接下來呢？接下來警方會不會因為這線索找上他？楊日松既然可以驗出是同一個人幹的，會不會也驗出更多的什麼線索？讓警方懷疑上他，找上門來？

啊！他不要被抓！他不要坐牢！他不要自己往後的生命都在牢裡渡過。他甚至可能會被判死刑，他不要這麼快就死！

廖敏德頹然的坐回地上，心裡七上八下的亂成一團糟。

強力膠！這一切都是吸膠惹的禍。

那天晚上，十點多，他吸了強力膠，迷迷糊糊，幌幌悠悠之間，內心湧起一股衝動，一股想殺人的衝動！

他迷迷糊糊的帶了把刀，出了門，走在街上，一路尋找獵物。只要有人就好，不管是男是女，不管是老是少，只要有人就好……。

這時候，他看到了單獨走在陸橋上的一個高中補校女生。

他不由自主的也跟了上去。

他一步一步的跟著，心中的那股衝動愈來愈強，愈來愈烈……終於，他大步上前，揮刀向那女生砍去……。

第二天，女學生橫屍陸橋的新聞上報了，他這時才依稀想起昨晚自己幹的事。在這時，他也才知道那名無辜的女學生，名字叫林立攸。

對自己無緣無故的殺了一名跟他無怨無仇的女學生，他心中後悔極了，害怕極了。

他把手邊的強力膠全部丟光，發誓永不再吸膠。

但，如果能這麼簡單的說不吸就不吸，那就不叫「癮」了。

過不了多久，他的癮頭就犯了。在壓抑不住的情況下，他又撿回了丟棄的強力膠，一口

一口的吸食起來。

這回他到了三民市場，說動一個流浪漢，叫他跟他回家洗澡、吃飯。他沒有帶他回家，他把流浪漢帶到重陽國小工地教室裡。

這時，他吸膠的幻像出來了，他覺得有人要害他，他要自衛！他要反擊！於是，他打破教室的玻璃窗，用鋒利如刀的玻璃碎片猛刺睡在身旁的流浪漢……。

恍恍惚惚的回到家裡，他倒頭便睡。睡到凌晨時分，他清醒了，很快意識到自己又殺了人。他緊張得輾轉反側，怎麼又殺人了呢？每吸一次膠，就要殺一個人，這樣下去怎麼得了？

還有，流浪漢的屍體還留在現場，萬一明天天一亮，被人發現了怎麼辦？他是在三民市場把流浪漢帶走的，三民市場是個公共場所，一定有很多人看到。到時追查到他這裡來，他就脫不了關係了。

無論如何，不可以讓人家認出屍體是流浪漢的。他想。

那就乾脆一不做，二不休，把流浪漢的屍體毀了罷！沒人認出死者是流浪漢，事情就不會牽扯上他了。而流浪漢本來就是到處流浪的，就算從此以後他再也沒出現，大家也只會猜測他流浪到別的地方去了，任誰也不會料到他是「流浪」到「閻羅王」那邊去

了。

想到這裡，他打定了主意，從床上跳起來，拿了把菜刀和水果刀，急急出了門，向重陽國小工地趕去。

來到重陽國小現場，看到躺在血泊中的流浪漢屍體，他害怕了，不敢動手。為了壯膽，他再度吸膠，也喝了酒。

一直以來，他很喜歡看日本的分屍影片，跟非洲土著分解人體、吃人肉的記錄片。那種血腥的畫面深深的吸引著他，刺激著他，每每看得他舞之蹈之，血脈賁張，恨不得親自上陣，大幹一番。

酒，給他壯了膽；膠，給他幻想空間。他開始幻想自己是影片中的主角，一刀一刀的往流浪漢身上切割、砍剁。剁了手腳、砍了頭之後，他又順便「去勢」，把流浪漢的生殖器整個切除……。

把分解好的流浪漢的屍塊分別丟棄後，他原以為這樣沒人知道是流浪漢了吧？更沒人知道兩件案子都是他做的了吧？沒想到千算萬算，不如老天一算，警界竟然會有這麼一個「明察秋毫」的法醫，把一切真相都「驗」了出來。

西洋有句諺語：上帝無法照顧到每一個人，所以創造了母親。依他看，上天無法照

顧到每一個警察，所以誕生了楊日松法醫。

楊日松「法眼」的「見微知著」，是不是意味著事情就要曝光，他的報應就要到了？

想到這裡，廖敏德機伶伶打個寒顫。膠！他要吸膠！他要暫時忘記這一切，他要暫時麻醉自己，往後會怎樣，就聽天由命好了。

**** **** ****

「一案三破，變態殺手廖敏德落網。」

楊日松看到報上大幅刊載的這則新聞，心中一陣安慰。

他在驗屍時，發現林立攸和流浪漢兩名死者，都是遭單刃型尖刀刺殺，案發地點相距不遠，現場同樣有赤足腳印。於是他大膽推測，兇手是同一個人。如今，果然一如他所測，都是廖敏德幹的。

當法醫這麼多年，最大的成就感，就是經由自己的驗屍報告，正確的導引警方順利破案，而兇手做案的過程和手法，又跟自己的判斷一樣。

廖敏德在連犯兩件命案，躲了幾天之後，有一天又因吸食了強力膠，在無法控制自己的情況下，跑到一家雜貨店，以水果刀刺殺了游姓老闆娘。

也就是因為這個案子，他終於惡貫滿盈的被警方逮捕了。

廖敏德做的這三個案子，都是因為在吸食強力膠，亂了性之後所犯下的。

強力膠！又是一樁毒品迷失人性，禍害人群的慘案。

他心裡無限慨嘆，「吸毒」這玩意兒，真是世界之痛！人類之痛！似乎地球上的每個角落，只要有人的地方，就避免不了。

他也很痛心，「明知山有虎，偏向虎山行。」很多人明知吸毒不好，吸毒會戕害自己的身心，會造成家庭、社會的傷害，卻就是忍不住要去嘗試。結果弄得是天怒人怨，身敗名裂，許多原本幸福美滿的家庭，都因此而破碎。

對於毒癮，他曾經下過苦功研究過。早在民國四十八年四月，他就以一篇「嗎啡習慣和身體防禦的研究」做為主論文，發表在日本東京帝國大學的醫學雜誌上，因為這篇論文，他獲得了帝國大學的博士學位。

他累積了無數次的解剖、化驗經驗，發現人體內的肝臟、血管、骨髓等等的細胞內皮，對麻醉藥品、煙毒及酒精會產生一種抗體，如果一個人長期服食這些東西，抗體在

體內經過長期的作用，則會導致形成一種習慣。當這種長時間的抗拒習慣，演變成為自發性時，一旦沒有繼續服食，人體就會感到不適。輕者，會出現渾身發抖、涕淚縱橫的症狀；嚴重的，則會出現抽搐痙攣、麻痺或陷入昏迷的狀態。這些情況，就是醫學上所稱的「嗜癖」；也就是大家所俗稱的「上癮」。

一般人的觀念，染上「嗜癖」是很難戒除的，同時也認為太驟然的戒除，可能會導致患者的心臟麻痺致死。他不這樣認為，他認為不但「嗜癖」可以透過治療戒除；而且治療的過程，也不必像長久以來習慣所採用的「漸進」方式那樣，慢慢的減輕患者體內的癮。他認為，戒除毒癮唯一的辦法，就是絕對禁止「癮君子」再接觸毒品或與毒品有相同效用的藥物。當然，在戒癮的過程中，一定程度的痛苦肯定會有，但絕不致於會導致心臟麻痺致死。

國際醫學界對他這個「自發性抗拒論」非常重視，甚至還據此製造出一種「拮抗劑」，利用這種「拮抗劑」，不僅能立即判辨出一個人是否有毒癮；而且嗜癖者經過這種藥劑的治療，還可以戒除難纏的嗜癖。

廖敏德這個案子，只是吸毒所帶來危害中的冰山一角；或許還有許多不為人所知的事件已然發生；或許還有無數的案子正醞釀著要發生。對那些對毒品充滿好奇、躍躍欲

試的人，他要大聲疾呼，就此打住吧，別踏上錯誤的第一步！對那些已染上毒品的人，他更要呼籲，儘快戒毒吧！只要有恆心、有毅力，配合上藥物的治療，戒毒是有希望的。

另外，他也要呼籲文化界、傳播界少數的業者，拿出你們的良知吧！不要播放或出租類似暴力殺人、甚至分屍的影片或書藉給社會大眾。這種影片、書藉對一般人沒什麼益處；對一些非理性的人，卻有示範作用。在你賺了很多錢，成了鉅富的同時，卻有人受害於你示範的暴力之下，你於心何忍？

有時候，新聞界也要負點責任。雖然，讀者對一切事情有「知」的權利；雖然，新聞工作者有他「盡職責」的義務，有他「搶獨家」的壓力，但什麼事情該報，什麼事情不該報；這件事該報幾分；該保留幾分，也是一門學問，都應經過慎重的考量。「獨家」的光環如果是建立在別人的損失、或痛苦上，又有可意義？

比如一個爆炸案，如果記者先生、記者小姐們把作案者製造炸藥的比例份量，和如何按裝的過程，鉅細靡遺的報導出來，被「有心者」學去，他日豈不製造出更多的爆炸案出來？

做為一個老長輩，他想給「毒瘾者」一個忠告：那是個坎坷路、不歸路；回頭吧！

凡事不言遲，就怕不開始。

做為一個老法醫，他要給「犯罪者」一個忠告：任你多少鬼奸，高堂自有明鏡；回頭吧！凡事不言遲，就怕不開始。

做為社會的一份子，他要給文化界、傳播界一個忠告：人生最了不起的，不是你站在什麼「位置」上，而是你朝什麼「方向」走。

第七章

陰陽人

——午夜鐘響，變男變女變！變！變！

為了解開陰陽人之謎，博士翻開日文醫學
書籍為我們細說其生理構造

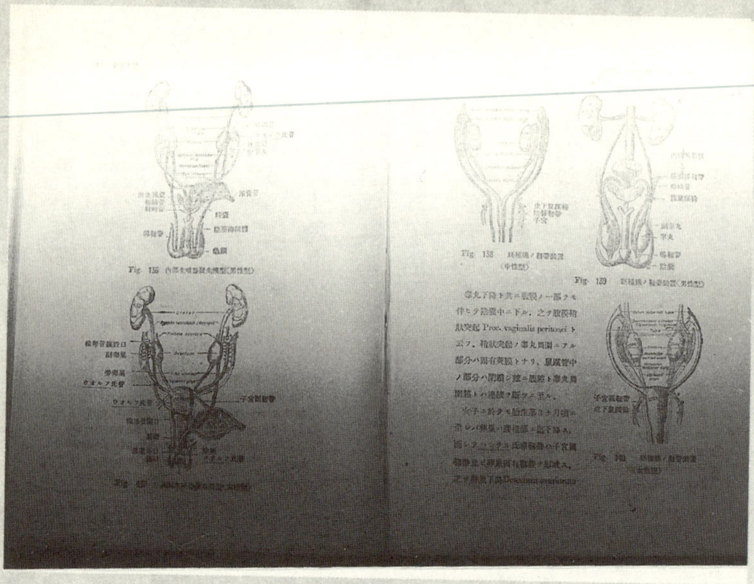

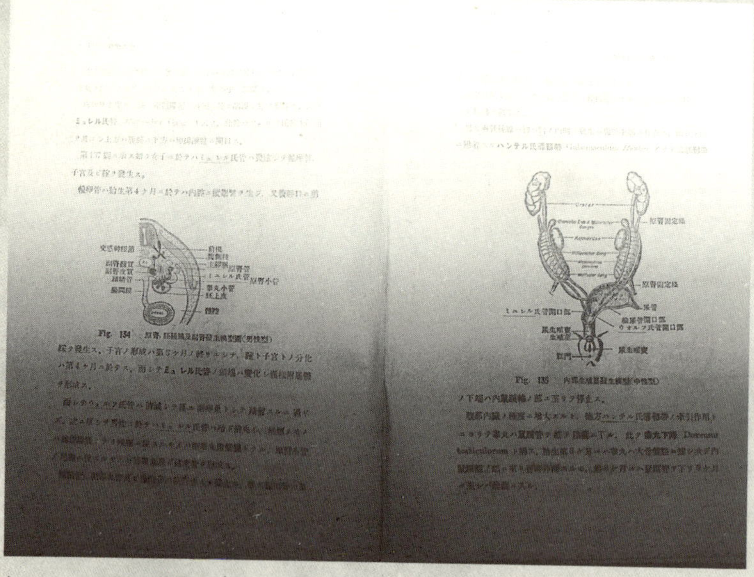

（上、下）此二圖為胎兒時期、發育為男女的剖析圖

楊日松博士擔任法醫數十年，驗過近三萬具各種死法的屍體，一個屍體一個故事，近三萬個故事，沉積在他的腦海裡，偶而「拿出來晒一晒」，勾起一些回憶，溫習一下當初的「新經驗」，倒也可以「溫故知新」一番。

在這近三萬個故事裡，每次跟筆者碰面，博士都會抽一、兩個當「睡前故事」，講給我們這些老朋友聽。在所有他講過的故事中，最令我們嘖嘖稱奇的，要算是「陰陽人」的故事了。

博士總共偵辦過兩件陰陽人的案子，其中一件發生在二、三十年前苗栗的某寺廟；另一件發生於十幾年前台北三重的某裁縫店。由於這兩個案件的當事人或關係人有的還健在，為了怕對其產生困擾，重新碰觸到他們的隱痛，奉博士之命，我們姑隱其名，省卻詳細的背景資料，純粹以「故事」方式來談它。

二、三十年前，位於苗栗的某寺廟，發生了一件離奇的少女命案。一位少女，離開家到該廟寺燒香拜佛，結果一去不回，家人心急的等了一個晚上，第二天匆匆忙忙的趕到該廟宇尋找，卻遍尋不著，廟方說她早回去了。

不久，少女的屍體被發現躺在廟後的小溪中。

楊日松趕到現場後，查驗出她是被「姦殺而亡」。

這間廟是個尼姑廟，歷史悠久，信徒眾多，是個佛門淨地，似乎想當然爾的，姦殺案應該不會跟這間寺廟有任何牽連。但是少女既然是去廟寺參佛禮拜而失蹤的，這間廟就不得不成為首要的偵查目標。

一一偵訊過廟裡的尼姑之後，楊日松發覺其中有一位尼姑形跡有點可疑，眼神不定，供詞閃爍。但是，她是一位尼姑啊！要說她跟這件姦殺案有關，似乎太「荒誕不經」了。

但是回來後，楊日松愈想愈可疑，跟當地警察局的分局長商量的結果，覺得還是需要深入調查比較好。但是怎麼去「深入」調查一位尼姑呢？你不能直刺刺的對一位「同是女人」，說：嗳！我覺得妳如何如何！幹嘛幹嘛！

最後研究的結果，決定「暗中」調查。警方物色了一位年輕美麗的小姐，同樣以參佛的名義，到了山上那間寺廟拜拜。同時，又「虔誠」的希望留住下來，以期能「更接近佛」。

這位美麗的小姐被很熱心的招待下來了。午夜鐘響，在矇矓中，這位美麗小姐突然感覺有人「親近」她，撫摸著她的身，那動作跟男人是一模一樣的。她驚起，定睛一看，赫然是跟她同房的一位「師姐」，那師姐此時已然不是師姐，這師姐不知何時已經變

成「比下有餘」的「昂」「藏」之軀，企圖對她施展他的「男人本色」……。

這件案子就這樣破了。原來，這位師姐是個正宗的「陰陽人」，同時生就男女兩種生殖器官。白天，她擁有女人一切心理的、生理的特徵，是個吃齋唸佛的尼姑。但是到了夜晚十二點整，隨著「噹！」地午夜鐘響，她那「冬眠」了一整個白天、不屬於女人應有的「東西」，便會倏然驚醒，「雄糾糾，氣昂昂」一如出閘的虎，如果身邊正好有「獵物」，那正好成了嘴上肉。那個枉死的少女，就是在這種情況下，成了犧牲品。

不過「好景不長」，大約到了清晨六點鐘左右，那出閘的猛虎，不管有沒有追尋到獵物，便又會「啾」地洩氣，縮成「幾乎忘了它的存在」的小小一片，躲回去「冬眠」去了。從這時候開始，「他」又已經是「她」，又已經是個嬌滴滴，溫柔柔的一個女人。

無獨有偶，在若干年後，楊博士又在三重地區接辦了另一樁「陰陽人」的案件。所不同的是，這次命喪黃泉的不是他身邊的獵物，而是陰陽人自己本身。

「xx裁縫店」，在十多年前的三重地區，是個十分響亮的招牌，說到這家裁縫店，大家腦海裡都會浮現那個艷麗妖嬈的老闆娘來。這個老闆娘人長得漂亮不說，交際手腕一流，撒嬌功夫到家，每天，她就坐在櫃台前，跟這個顧客打打情；跟那個顧客罵罵

俏，溫聲軟語，眉眼生春，把顧客—尤其是男士們的心抓得牢牢的，只要進了這家店，就如同進了盤絲洞，成了「終生」的客戶。

老闆娘的魅力不止對外吃得開；對內，她旗下的三十多個裁縫小姐，個個對她也是服服貼貼。也不知道老闆娘是怎麼領導統御的，這些小姐們向心力十分的強，凡是進來的，很少有說要走的。偶而有三兩個想走，被老闆娘約談了一個晚上之後，第二天就絕口不再提離開的事。有時候同事多了，人多口雜，難免會有一些小磨擦、小誤會，但只要老闆娘把她們分開「隔離安撫」之後，無不前嫌盡釋，握手言和。總之，老闆娘似乎天生就是有一種魅力，這種魅力使得她旗下的小姐們，個個忠心耿耿，心甘情願的為她效命。

有一天，裁縫店又來了一個新的裁縫小姐。這位小姐姓張，本來是每天通勤回家的，有一次因為加班太晚，被老闆娘留住一宿。就只經過那麼一晚，不知怎的，張小姐從此三兩天就要自願加班留宿一次，加班加得是如魚得水，不亦樂乎。

大概經過了半年左右，有一天，裁縫店突然出現了異常的狀況。一大早，一輛救護車啦嗚啦嗚的由遠而近，停在裁縫店前面，救護員從車上跳下，直奔入內。不久，從裡面抬出了一個滿身是血的血人兒。這血人兒不是別人，正是這家裁縫店的老闆娘。

老闆娘被抬到醫院後，發現她早已因流血過多而死了。

楊日松趕到醫院為死者驗屍時，發現她的創處在下體。經過清洗仔細檢驗，他嚇一跳，這老闆娘，擁有兩性的性器官，他又看到了「陰陽人」！死因正是屬於男性那方面的生殖器，被人用利剪齊根剪斷，血流不止而死。

誰會在他（她）變為男人時的午夜，有機會在他身旁剪掉他的生殖器？偵查對象馬上對準最有可能跟他（她）親近的那些女裁縫師們。經查，發現張小姐是最為可疑的人，因為她前一天晚上又加班留宿了。張小姐一開始辯稱，她加班加到十一點多就回家了，第二天來上班，才知道老闆娘出事了。

後來經過不斷的審問，張小姐終於承認了是她犯下的命案。

張小姐泣不成聲的說了全案的始末。她說，一開始她並不知道老闆娘是個陰陽人，從來也沒聽說過陰陽人這回事。那天，她加班加到很晚，老闆娘很好心的留她住下來，她想想，一個女孩家半夜回家也很危險，便答應了。老闆娘邀她同睡在她的房間，她絲毫沒有防備的就跟她同床共眠。

到了半夜十二點左右，她突然感覺老闆娘有點不對，首先，「她」把手伸過來，對她上下其手，摟抱她、撫摸她。一開始，她還以為是老闆娘在跟她開玩笑，胡亂推拒一

番，不甚在意。但後來愈來愈不對勁了，老闆娘的呼吸急促起來，甚至，她還感覺到「她」的下體有個女人不該有的「東西」頂著她。她嚇一跳，翻身欲起，但此時的老闆娘變得孔武有力，她無論如何掙脫不開。於是，那一夜，成了她告別少女的最後一夜，她—被佔有了．．．．．．。

事後，他（她）向她百般抱歉，千般示好，說他怎樣怎樣的異於常人、身不由己啦！而她如何如何的甜蜜美麗，惹人疼愛呀！一方面是「生米已成熟飯」，一方面也是他（她）帶給她前所未有的快樂，她竟然不計「前嫌」的原諒了他（她），還答應替他（她）保守祕密，做他（她）永久的情人。

從此以後，她三天兩頭的便以「加班」為由，留下來跟他（她）溫存。這樣暗渡陳倉了大約半年，有一天她發現他（她）在白天「身為女人」之時，竟然跟一個男人眉來眼去、打情罵俏，甚至相約「出場」。

這個時候，她真是打翻了醋罈子，酸上了天。他（她）是她的，雖然他（她）此時是個女的，但也是她的；無論是男是女，他（她）都是她的，她無法忍受他（她）跟任何一個男的，或是女的約會、要好。

本來白天這件事已經夠令她妒火中燒了，到了下午，一件事更無法忍受的事傳到她

耳裡，使得她更要抓狂了。她的一個女同事，見她對他（她）跟男人約會的事如此的在意，囁囁嚅嚅的向她試探，是否曾有過什麼「遭遇」？經過兩人一談開，竟然發現這位女同事也有著跟她相同的遭遇。這一驚非同小可，他（她）究竟對多少女同事做過同樣的事？！

於是，她一一相詢，一一追問。天啊！她問遍了三十幾個女同事，這三十幾個女同事，竟然個個遭了「狼吻」，無一倖免。她氣得渾身快要爆炸了，難怪這家裁縫店的向心力這麼好，流動性這麼小，原來他（她）每天都要叫一個小姐陪著睡覺，每個小姐跟他（她）都是「一家人」。也難怪這三十幾個小姐個個能「相敬如賓」，吵不起架來，原來他（她）安撫人心有一套，他（她）都是利用「床上」功夫，在小姐耳邊磨嘴皮，告訴小姐們，她是最好的，她的好，他（她）知道，請看在他（她）的面子上，別跟對方計較。

張小姐說，她愈想愈憤怒，愈想愈不甘，積了一肚子氣，沒地方發洩。晚上，她正好又有幸「蒙主寵幸」，於是她暗中攜帶了一把裁剪布料用的利剪，進了他（她）的房。午夜鐘響，當他（她）的「猛虎」出閘時，她便出其不意，卡嚓一聲，剪它個俐落，「猛虎」齊根而斷。

在慘叫聲中，血，像水一樣的流出。她這才急了，不知道該如何止血。眼看血流不止，他（她）命在旦夕，她慌了，顧不得三更半夜，連夜逃離了裁縫店………。

這兩個陰陽人的故事，因為不幸都以悲劇收場，所以才會在社會上披露出來。事實上，還有不少陰陽人默默的活在社會的各個角落裡，不為人知。他（她）們大多是無害的。據筆者所知，有某些幸運的陰陽人，甚至還能擁有「知心」的女（男）朋友，過著「平凡」的生活。

根據醫學上的記載，人的「性腺」在胚胎形成的開始都一樣，大約在胎兒三個月大時，睪丸會下降到大骨盤腔。之後又慢慢再下降到鼠蹊輪，在鼠蹊輪會暫時停滯一段時間，一直到八個月時，再降到鼠蹊管，九個月時，正式到達陰囊。

至於為什麼會有陰陽人的形成呢？醫學上說，人在胚胎時期，是同時兼有兩性的性器官的，但在發育的過程中，如果正常的話，便會依胎兒實際的性別，使另外一性的構造退化。若萬一發生不幸的異常狀況，導至胚胎的兩性構造同時發育，那就會產生陰陽人了。

陰陽人又可分「真性陰陽人」，和「假性陰陽人」兩種。

真性陰陽人在陰陽人群中，算是比較幸運的，因為真性陰陽人同時擁有男性的內外生殖器，也有女性的內外生殖器，患者可以依自己的需要，選擇當男人還是當女人。想當男人，就動個手術把屬於女性那方面的器官拿掉；想當女的，就切割掉屬於男性的那部份。

假性陰陽人就不是那麼簡單了。假性陰陽人又可分「女性假性陰陽人」和「男性假性陰陽人」兩種。所謂的男性假性陰陽人，就是患者雖然有睪丸，但是因為男性荷爾蒙分泌不夠，或它的組織對男性荷爾蒙的反應不良，使得陰莖變得很小，外生殖器官看起來跟女人很像。

女性假性陰陽人正好跟男性假性陰陽人相反，患者雖然也有卵巢，但由於腎上腺皮脂的男性荷爾蒙製造過多，以致引起外生殖器趨向男性化，陰蒂變得很大，大陰唇的裂口有一部份閉鎖，看起來很像陰囊，外觀幾乎無法分別是男是女。

前陣子，報上就有報導，屏東縣政府兵役科在為役男徵兵做體檢時，在一群只穿內褲的男生中，出現一位穿短褲、黑上衣、長髮披肩、胸部像女性特徵的役男，引起現場一陣騷動。經醫官檢查結果，赫然發現他（她）同時具有兩性生殖器官，兩性特徵都很明顯，是個兩性人。他（她）的家人說，小時候因為女性生殖官不明顯，在幫「他」報

戶口時，只好填報為男性。不過現在看來，「他」胸部豐滿，每月有月事來，應該是個女的。

「不知道為什麼，陰陽人總是特別漂亮。」楊日松博士說。

或許是上帝對他們的一種補償吧！筆者想。

而「不小心」做了陰陽人，是很不幸的，誰不想做個「正常人」？對於這種上帝在打瞌睡時「做」出來的人類，我們是不是應該抱著寬仁的心去對待？

第八章

你的八字重嗎？

——輕者勿近，謹防鬼上身

現今這個社會，表面上風平浪靜，大家和和樂樂的過日子。在街上碰了面，熟識的，點個頭打個招呼；不熟識的，擦身而過，各走各的，毫不相干，也相安無事。偶而在報章雜誌看見某個幫派跟某個幫派發生搶地盤、打架火拚的事，頂多也只是火熱熱的談上一陣，沒幾天，這個話題就淡了。百姓繼續過他們的日子；幫派繼續搶他們的地盤，繼續打他們的架。

幫派的事，雖然跟我們的生活息息相關，但卻又覺得離我們很遙遠。林立著哪些幫派？各個幫派又聚眾多少兄弟？各個又坐擁哪些山頭？這些都不是我們小老百姓所能堂窺其奧的。因為不了解，所以幫派在我們心目中，始終蒙著一層神祕的面紗。

但是，無論什麼幫派，兄弟有多少？有多神祕？坐擁什麼山頭，絕對都不如現在筆者要談的這個幫派。

論派下兄弟的寡眾嘛？筆者要說的這個幫派，徒眾大約有二萬多個。這二萬多個，可是老少不分；男女皆有，士農工商無所不包。談有多神祕嘛？這二萬多個兄弟姐妹男女老少，可是「神出鬼沒」，無所在；也無所不在，真個是神龍「不見首也不見尾」。

再談到坐擁什麼山頭？不管什麼幫派，可能都會有屬於自己的一大塊地盤，但是絕對沒有任何一個幫派的地盤，是可以跨越陰陽兩界，同時管轄地上、地下的。

有這種幫派嗎？

當然！

這個幫派究竟是什麼幫呢？

幽冥幫！

幫主是誰呢？

楊日松博士！

楊日松博士幾十年來，平均每天要驗二、三具屍體，累積到現在，已經將近三萬具。二萬多具屍體，二萬多個靈魂。楊博士自己的感覺，這些看不見的兄弟姐妹，其實一直是環伺在他四周，跟他「長相左右」的。常常，他只要他心念一動，記起這個「人」，隨時就可以感應到「它」的存在。因此，楊博士常似真似假的告訴他周圍的朋友，他率領著一個龐大的「兄弟兵團」，哪個道上兄弟膽敢跟他比場面，他一聲令下，要多少有多少，二萬多個隨時可以「出動」。

由於楊博士名氣大，每到公共場合，都會有慕名的人過來，想跟他合照留念。說真的，博士極不願隨便跟一個不熟的人合照，因為有一些人喜歡拿著跟他的合照，到處自吹自擂，招搖撞騙。可是楊博士又是個宅心仁厚的人，很不願當眾拒絕，給人難堪。在

這種情形之下，他就會半真半假的問對方：「你的八字重不重？我的背後很多兄弟！」有些人膽小，怕招惹到這些看不見的兄弟，便會主動放棄合照。因為聽說，八字輕的，很容易招惹到不乾淨的東西。

八字是命理學裡面，被談得最多，最廣泛的一個項目。大概只要是中國人，都會聽說過「八字」這個名詞。八字事實上就是時間的代號，一個人在某年、某月、某日、某時出生，利用中國人特有的天干地支的排列順序來組合一番，就是這個人的「八字」。

天干有十，分別是甲、乙、丙、丁、戊、己、庚、辛、壬、癸。地支有十二，分別是子、丑、寅、卯、辰、巳、午、未、申、酉、戌、亥。依照甲子、乙丑、丙寅、丁卯……順序排列組合下去，總共可以有六十組不同的干支柱。等這六十個干支柱使用完畢，又從「甲子」開始算起，周而復始的不停循環下去。比如某個人出生在民國四十三年三月廿五日清晨四點（陰曆），按照天干地支來排，就是甲午年，戊辰月，癸丑日，甲寅時。這甲午、戊辰、癸丑、甲寅，便是這個人的八字。

中國人相信，不同的八字，會有不同的命運，所以子女一出世，做父母的便會忙不迭的找個命相師「排八字」去，探究一下子女這一生的榮枯貴賤。如果排到的八字好，便歡樂滿滿，喜不自禁。如果排到的八字不好，這輩子便要為這個子女憂心忡忡，落落

寡歡。

至於什麼是楊日松博士所謂的「八字重不重」呢？，所謂的「重」與「輕」又是依據什麼來判斷呢？

根據袁天罡先師數命裡，秤骨的方式是這樣的。以前面的例子來說，甲午年出生的重量為一兩二錢；三月的重量為一兩八錢；廿五日的重量為一兩五錢；清晨四點是為寅時，寅時的重量為七錢。這年、月、日、時的重量加起來，總共是五兩五錢。五兩五錢的命格，農民曆上寫的是：「走馬揚鞭爭利名，少年做事費籌論；一朝福祿源源至，富貴榮華顯六親。」（八字對照表附於本章之後）

命格的最高重量是七兩一錢，最輕重量為二兩一。照這樣看來，三兩半以上的八字，算是「普通」的重；超過四兩，也只能算稍重。上了五兩以上，那就可以算是「重量級」的了。如果到了七兩一，那簡直是雲峰絕頂，「超級重」！同樣的，二兩一錢的，便是深淵谷底，「超級輕」！

我們來看看七兩一錢的格評：「此命生來大不同，公候卿相在其中，一生自有逍遙福，富貴榮華極品隆。」總評為：「此乃大志大業勢如破竹之命也」。再來看看二兩一錢的格評：「短命非業謂大凶，平生災難事重重；凶禍頻臨陷逆境，終世困苦事不成。」

」總評為：「衣食奔波出外之命也」。

八字的輕與重，會讓命運相差如此的懸殊，難怪現在有很多的父母，為了子女一生的榮枯貴賤，採取「非自然生產」方式，提早讓胎兒在「黃道吉日」剖腹生產。不過，據說該子女如果真有福，才能在大人的「算計」下出生；如果無福，必鬼使神差，不能如願。

有此一說；八字的重量，不但關係著人一生的榮枯貴賤，也關係到「靈異的親近度」。八字重的，據說周身會散發著一股強盛的磁場，這種強盛的磁場，我們姑且叫它為「氣勢」。這股氣勢，把「鬼魅邪神」擋在磁場外圍，不能輕易接近。八字愈重，這股氣勢愈強，鬼魅邪神就避得愈遠。反過來說，八字愈輕，磁場愈弱，身上少了那股氣勢，鬼魅邪神無所懼，便很容易接近你。這也說明了一般神壇的乩童，為什麼大都是八字輕的才能當。八字重的，屬於靈異世界的東西根本近不了身，又如何能上身？八字輕的，與靈異只不過一步之隔，「上」起身來，就顯得「輕鬆愉快」多了。

有人說，一年之中，運氣再好，也會有三個月比較低迷；運氣再壞，也會有三個月比較順暢。有一些人在照相時，明明四周沒有什麼，可是照片沖洗出來，卻發現身旁有「不該有」的東西，就算不嚇得魂飛魄散，也會感到心裡發毛，渾身不自在。這個時候

，你不妨參考如後附上的農民曆，算算自己八字的重量，如果你八字明明很重，還會照到這種「靈異照片」，那可能就是你最近的運氣正處於「低迷」的狀態，這種「低氣壓」壓倒了你的氣勢，就如幾朵烏雲，遮蔽了晴空霽月，你已經面臨了「下雨」的狀態，可得小心了。

不過，有兩種人不管八字重不重，也很容易碰到靈異事件。一種是做了虧心事的人，另一種是渾身充滿正氣的人。做了虧心事的人，身上迷漫著污穢之氣，這種污穢之氣，改變了自己周身的磁場，因此很容易就靈異近身，輕則擔驚受怕；重則碰上冤魂「索命」、「討債」。

至於渾身充滿正氣的人，為什麼也有這麼多的靈異近身呢？這些靈異多半有所求。如千古傳頌的包公，許多的冤魂來找他，都是要求他主持正義，幫忙申冤。比如「烏盆記」，便是大家耳熟能詳的其中一個故事。

楊日松博士所以被譽為現代的包青天，除了他比之包青天毫不遜色的正義形象之外，他「日審陽，夜審陰」的能耐，也是其一。白天，他為活人申張正義；夜晚，有冤屈的冤魂自會出現，利用各種方式「告訴」博士。

說真的，楊博士已是個舉國皆知的風雲人物，他不需要再藉一些神神鬼鬼的靈異事

件，來造成話題，提高他的知名度。相反的，博士是一個不喜歡穿鑿附會，把一件事情弄得神神祕祕的「科學」人，很多事他甚至很想擺脫掉靈異的色彩，找出可以解釋的科學角度。但是，真的，很多事就是就是那麼的玄奇、怪異，那麼的沒辦法解釋。

人類是個懂得感恩圖報的動物，「受人點滴，報以湧泉」，只要「恩公」登高一呼，大都會勇往上前，赴湯蹈火。「鬼」其實也是一樣的，楊博士在為這麼多的冤魂申了冤之後，身邊追隨著成千上萬「感激不盡」的兄弟姐妹，自成一個「龐大的團體」。他說的這句：「我的背後很多兄弟。」也正是這個意思。當然，「你的八字重不重？我的背後很多兄弟。」這句話是不是恫嚇之詞，就全靠看官你的判斷、你的想像和理解了，如果你要解釋為「無稽之談」，筆者也不反對。不過，在這裡筆者要舉一個實例告訴大家。

曾經有一次，一位做生意的仁兄因為某種輾轉的關係，在一個公共場合遇到了楊博士。這位仁兄久仰楊博士大名，要求跟博士合照。

楊日松博士數十年來，「閱屍」無數，什麼樣的屍體，什麼樣的死法？死去多少時間？在什麼樣的地方遇害？經過他的勘驗，往往八九不離十。同樣的，楊日松博士也「閱人」無數，一個初見面的人，他只要看一眼，是好是壞？心術正不正？他便心裡有數

。楊博士依他的「觀人術」，看出這人並非那麼的「正人君子」，有點不喜歡他。偏偏這位仁兄不識趣，還纏著要跟楊博士合照。當時楊博士便以：「你的八字重不重？我的背後很多兄弟。」來企圖嚇阻他。但是這位仁兄十分鐵齒，不信邪，硬是要跟博士合照，幾經推託之後，楊博士無奈，只好勉強為之。

事情過後，楊博士公務忙，沒多久就把這事給忘了。後來有消息輾轉傳來，說這位仁兄自從跟博士合照之後，被博士「背後的兄弟」纏上，開始大走背運，諸事不順，百病叢生，一向興隆的生意，開始走下坡，最後弄得窮途潦倒，苦不堪言。

當然，楊博士「背後的兄弟」是不會隨便捉弄他「陽世的兄弟」的。楊博士跟「背後的兄弟」心意相通，楊博士喜歡的朋友，無論他（她）的八字重不重，背後的兄弟都會尊重；一旦「背後的兄弟」感應到楊博士不喜歡這個人，如果他（她）的八字不夠重，那就要小心了。

中華民國年號	日本年號	六十生甲子相	年齡
民前一五	明治三〇	丁酉雞	一百歲
民前一四	明治三一	戊戌狗	九九歲
民前一三	明治三二	己亥豬	九八歲
民前一二	明治三三	庚子鼠	九七歲
民前一一	明治三四	辛丑牛	九六歲
民前一〇	明治三五	壬寅虎	九五歲
民前九	明治三六	癸卯兔	九四歲
民前八	明治三七	甲辰龍	九三歲
民前七	明治三八	乙巳蛇	九二歲
民前六	明治三九	丙午馬	九一歲
民前五	明治四〇	丁未羊	九〇歲
民前四	明治四一	戊申猴	八九歲
民前三	明治四二	己酉雞	八八歲
民前二	明治四三	庚戌狗	八七歲
民前一	明治四四	辛亥豬	八六歲
民國元	大正元	壬子鼠	八五歲
民國二	大正二	癸丑牛	八四歲
民國三	大正三	甲寅虎	八三歲
民國四	大正四	乙卯兔	八二歲
民國五	大正五	丙辰龍	八一歲
民國六	大正六	丁巳蛇	八〇歲
民國七	大正七	戊午馬	七九歲
民國八	大正八	己未羊	七八歲
民國九	大正九	庚申猴	七七歲
民國一〇	大正一〇	辛酉雞	七六歲

中華民國年號	日本年號	六十生甲子相	年齡
民國一一	大正一一	壬戌狗	七五歲
民國一二	大正一二	癸亥豬	七四歲
民國一三	大正一三	甲子鼠	七三歲
民國一四	大正一四	乙丑牛	七二歲
民國一五	昭和元	丙寅虎	七一歲
民國一六	昭和二	丁卯兔	七〇歲
民國一七	昭和三	戊辰龍	六九歲
民國一八	昭和四	己巳蛇	六八歲
民國一九	昭和五	庚午馬	六七歲
民國二〇	昭和六	辛未羊	六六歲
民國二一	昭和七	壬申猴	六五歲
民國二二	昭和八	癸酉雞	六四歲
民國二三	昭和九	甲戌狗	六三歲
民國二四	昭和一〇	乙亥豬	六二歲
民國二五	昭和一一	丙子鼠	六一歲
民國二六	昭和一二	丁丑牛	六〇歲
民國二七	昭和一三	戊寅虎	五九歲
民國二八	昭和一四	己卯兔	五八歲
民國二九	昭和一五	庚辰龍	五七歲
民國三〇	昭和一六	辛巳蛇	五六歲
民國三一	昭和一七	壬午馬	五五歲
民國三二	昭和一八	癸未羊	五四歲
民國三三	昭和一九	甲申猴	五三歲
民國三四	昭和二〇	乙酉雞	五二歲
民國三五	1946	丙戌狗	五一歲

中華民國年號	西元	六十生甲子相	年齡
民國三六	1947	丁亥豬	五〇歲
民國三七	1948	戊子鼠	四九歲
民國三八	1949	己丑牛	四八歲
民國三九	1950	庚寅虎	四七歲
民國四〇	1951	辛卯兔	四六歲
民國四一	1952	壬辰龍	四五歲
民國四二	1953	癸巳蛇	四四歲
民國四三	1954	甲午馬	四三歲
民國四四	1955	乙未羊	四二歲
民國四五	1956	丙申猴	四一歲
民國四六	1957	丁酉雞	四〇歲
民國四七	1958	戊戌狗	三九歲
民國四八	1959	己亥豬	三八歲
民國四九	1960	庚子鼠	三七歲
民國五〇	1961	辛丑牛	三六歲
民國五一	1962	壬寅虎	三五歲
民國五二	1963	癸卯兔	三四歲
民國五三	1964	甲辰龍	三三歲
民國五四	1965	乙巳蛇	三二歲
民國五五	1966	丙午馬	三一歲
民國五六	1967	丁未羊	三〇歲
民國五七	1968	戊申猴	二九歲
民國五八	1969	己酉雞	二八歲
民國五九	1970	庚戌狗	二七歲
民國六〇	1971	辛亥豬	二六歲

中華民國年號	西元	六十生甲子相	年齡
民國六一	1972	壬子鼠	二五歲
民國六二	1973	癸丑牛	二四歲
民國六三	1974	甲寅虎	二三歲
民國六四	1975	乙卯兔	二二歲
民國六五	1976	丙辰龍	二一歲
民國六六	1977	丁巳蛇	二〇歲
民國六七	1978	戊午馬	一九歲
民國六八	1979	己未羊	一八歲
民國六九	1980	庚申猴	一七歲
民國七〇	1981	辛酉雞	一六歲
民國七一	1982	壬戌狗	一五歲
民國七二	1983	癸亥豬	一四歲
民國七三	1984	甲子鼠	一三歲
民國七四	1985	乙丑牛	一二歲
民國七五	1986	丙寅虎	一一歲
民國七六	1987	丁卯兔	一〇歲
民國七七	1988	戊辰龍	九歲
民國七八	1989	己巳蛇	八歲
民國七九	1990	庚午馬	七歲
民國八〇	1991	辛未羊	六歲
民國八一	1992	壬申猴	五歲
民國八二	1993	癸酉雞	四歲
民國八三	1994	甲戌狗	三歲
民國八四	1995	乙亥豬	二歲
民國八五	1996	丙子鼠	一歲

○○袁天罡先師稱骨算命不求人○○

算法：請從你出生年月日時算合共幾個兩，看屬幾兩數吉凶如何。評定一生之貴賤斷法於此。以供諸位參考也。

○算命不求人○

出生的年數

屬										
鼠	甲子年生	一兩二錢	丙子年生	一兩六錢	戊子年生	一兩五錢	庚子年生	七錢	壬子年生	五錢
牛	乙丑年生	九錢	丁丑年生	八錢	己丑年生	七錢	辛丑年生	七錢	癸丑年生	七錢
虎	丙寅年生	六錢	戊寅年生	八錢	庚寅年生	九錢	壬寅年生	九錢	甲寅年生	一兩二錢
兔	丁卯年生	七錢	己卯年生	一兩九錢	辛卯年生	一兩二錢	癸卯年生	一兩二錢	乙卯年生	八錢
龍	戊辰年生	一兩二錢	庚辰年生	一兩二錢	壬辰年生	一兩○錢	甲辰年生	八錢	丙辰年生	八錢
蛇	己巳年生	五錢	辛巳年生	六錢	癸巳年生	七錢	乙巳年生	七錢	丁巳年生	六錢
馬	庚午年生	九錢	壬午年生	八錢	甲午年生	一兩五錢	丙午年生	一兩三錢	戊午年生	一兩九錢
羊	辛未年生	八錢	癸未年生	七錢	乙未年生	六錢	丁未年生	五錢	己未年生	六錢
猴	壬申年生	七錢	甲申年生	五錢	丙申年生	五錢	戊申年生	一兩四錢	庚申年生	八錢
雞	癸酉年生	八錢	乙酉年生	一兩五錢	丁酉年生	一兩四錢	己酉年生	五錢	辛酉年生	一兩六錢
狗	甲戌年生	一兩五錢	丙戌年生	六錢	戊戌年生	一兩四錢	庚戌年生	九錢	壬戌年生	一兩○錢
猪	乙亥年生	九錢	丁亥年生	一兩六錢	己亥年生	九錢	辛亥年生	一兩七錢	癸亥年生	七錢

重量	評命	詩云
二兩一	此乃衣食奔波出外之命也	短命非業謂大凶　平生災難事重重　凶禍頻臨陷逆境　終世困苦事不成
二兩二	此乃幼年勞碌中年清泰之命也	身寒骨冷苦伶仃　此命推來行乞人　勞勞碌碌無度日　終年打拱過平生
二兩三	此乃先難後易出外求人之命也	此命推來骨輕輕　求謀作事事難成　妻兒兄弟應難許　別處他鄉作散人
二兩四	此乃爲人智巧多能出家求食之命也	此命推來福祿無　門庭困苦總難榮　六親骨肉皆無靠　流到他鄉作老人
二兩五	此乃身閑心不閑九流藝術之命也	此命推來祖業微　門庭營度似稀奇　六親骨肉如冰炭　一世勤勞自把持
二兩六	此乃先貧後富勞碌之命也	平生衣祿苦中求　獨自營謀事不休　離祖出門宜早計　晚來衣祿自無憂
二兩七	此乃聰明近貴衣祿之命也	一生作事少商量　難靠祖宗做主張　獨馬單鎗空做去　早年晚歲總無長
二兩八	此乃自卓爲人才能近貴之命也	一生做事似飄蓬　祖宗產業在夢中　若不過房併改姓　也當移徙二三通
二兩九	此乃才能客商達變智慧之命也	初年運限未曾亨　縱有功名在後成　須過四旬纔可上　移居改姓始爲良
三兩	此乃衣食有餘爲人近貴成家之命也	勞勞碌碌苦中求　東走西奔何日休　苦使終身勤與儉　老來稍可免憂愁
三兩一	此乃先貧後富近貴衣食足用之命也	忙忙碌碌苦中求　何日雲開見日頭　難得祖基家可立　中年衣食漸無憂
三兩二	此乃性巧過人衣食到老近貴之命也	初年運蹇事難謀　漸有財源如水流　到得中年衣食旺　那時名利一齊來
三兩三	此乃衣食豐滿富貴根基之命也	早年做事事難成　百計徒勞枉費心　半世自如流水去　後來運到始得金
三兩四	此乃財穀有餘主得內助富貴之命也	此命福氣果如何　僧道門中衣祿多　離祖出家方得妙　終朝拜佛念彌陀
三兩五	此乃先難後易過房入贅近貴之命也	生平福量不周全　祖業根基覓少傳　營事生涯宜守舊　時來衣食勝從前
三兩六	此乃超群拔類衣祿厚重之命也	不須勞碌過平生　獨自成家福不輕　早有福星常照命　任君行去百般成
三兩七	此乃聰明富貴有福壽之命也	此命般般事不成　弟兄少力自孤成　雖然祖業須微有　來得明時去得時
三兩八	此乃財帛豐厚宜稱之命也	一生骨肉最清高　早入黌門姓名標　待看年將三十六　藍衣脫去換紅袍

出生的月數

月	重量
一月	六錢
二月	七錢
三月	一兩八錢
四月	九錢
五月	五錢
六月	一兩六錢
七月	九錢
八月	一兩五錢
九月	一兩八錢
十月	八錢
十一月	九錢
十二月	五錢

出生的日數

日	重量
初一	五錢
初二	一兩○錢
初三	八錢
初四	一兩五錢
初五	一兩六錢
初六	一兩五錢
初七	八錢
初八	一兩六錢
初九	八錢
初十	一兩六錢
十一	九錢
十二	一兩七錢
十三	八錢

兩數	命	詩
三兩九	此乃利上近貴有福有祿有命也	此命少年運不通　勞勞作事盡皆空　苦心竭力成家計　到得那時在夢中
四兩	此乃富貴近益生涯鼎盛機關之命也	平生衣祿是綿長　件件心中自主張　前面風霜都受過　後來必定享安康
四兩一	此乃稅戶近貴專才衣祿之命也	此命推來事不同　爲人能幹異凡庸　中年還有逍遙福　不比前年運未通
四兩二	此乃兵權有職富貴才能之命也	得寬懷處且寬懷　何用雙眉總不開　若使中年命運濟　那時名利一齊來
四兩三	此乃財祿厚重白手成家之命也	爲人心性最聰明　作事軒昂近貴人　衣祿一生天數定　不須勞碌是豐亨
四兩四	此乃才能好學近貴財祿之命也	來事由天莫苦求　須知福祿勝前途　當年財帛難如意　晚景欣然便不憂
四兩五	此乃福祿豐厚極富且貴之命也	名利推來竟若何　前途辛苦後奔波　命中難養男與女　骨肉扶持也不多
四兩六	此乃富貴有餘福壽雙全之命也	東西南北盡皆通　出姓移名更覺隆　衣祿無虧天數定　中年晚景一般同
四兩七	此乃高官厚祿學業飽滿之命也	此命推來旺末年　妻榮子貴自怡然　平生原有滔滔福　可有財源如水流
四兩八	此乃官員財祿厚重之命也	幼年運道未曾亨　苦是蹉跎再不興　兄弟六親無依靠　一身事業晚年成
四兩九	此乃性巧精神倉庫財祿之命也	此命推來福不輕　自立自成顯門庭　從來富貴人親近　使婢差奴過一生
五兩	此乃文武才能錢穀豐盛之命也	爲利爲名終日勞　中年福祿也多遭　老來是有財星照　不比前番目下當
五兩一	此乃官職財祿榮華富貴之命也	一世榮華世世通　不須勞祿自亨通　弟兄叔姪皆如意　家業成時福祿宏
五兩二	此乃掌握兵權富貴長壽之命也	一世亨通事事能　不須勞思自然能　宗族欣然心皆好　家業豐亨自稱心
五兩三	此乃僧道門中近貴之命也	此格推來氣象眞　興家發達在其中　一生福祿安排定　却是人間一富翁
五兩四	此乃有威權富貴財祿之命也	此命推來厚且清　詩書滿腹看功成　豐衣足食自然穩　正是人間有福人
五兩五	此乃官職財祿豐盛之命也	走馬揚鞭爭利名　少年做事費籌論　一朝福祿源源至　富貴榮華顯六親
五兩六	此乃官職長享榮華富貴之命也	此格推來禮義通　一生福祿用無窮　甜酸苦辣皆嘗過　財源滾滾穩且豐
五兩七	此乃官職文章壓衆精通之命也	福祿盈盈萬事全　一生榮耀顯雙親　名揚威振人欽敬　處世逍遙似遇春
五兩八	此乃官祿旺像才能性質富貴之命也	平生福祿自然來　名利兼全福祿偕　雁塔題名爲貴客　紫袍金帶走金堦
五兩九	此乃官職財祿厚重之命也	細推此格妙且清　必定財高禮義通　甲第之中應有分　揚鞭走馬顯威榮
六兩	此乃官職榮華福壽財祿之命也	一朝金榜快題名　顯祖榮宗立大勳　衣食定然原裕足　田園財帛更豐盈
六兩一	此乃法身官掌風雷權柄之命也	不作朝中金榜客　定爲世上一財翁　聰明天付經書熟　名顯高科自是榮
六兩二	此乃官職有權柄之命也	此命生來福不窮　讀書必定顯親榮　紫衣金帶爲卿相　富貴榮華皆可同
六兩三	此乃指揮太守萬戶封侯之命也	命主爲官福祿長　得來富貴定非常　名題金塔傳金榜　定中高科天下揚
六兩四	此乃官職尚書侍郎之命也	此格權威不可當　紫袍金帶坐高堂　榮華富貴誰能及　積玉堆金滿儲倉
六兩五	此乃威權發無邊財福祿之命也	細推此命福不輕　安國安邦極品人　文綉雕梁徵富貴　威聲照耀四方聞
六兩六	此乃公侯駙馬丞相之命也	此格人間一福人　堆金積玉滿堂春　從來富貴由天定　正笏垂紳謁聖君
六兩七	此乃冠世萬國來朝上格之命也	此命生來福自宏　的園家業最高隆　平生衣祿豐盈足　一世榮華萬事通
六兩八	此乃溫和幸福富貴極吉之命也	富貴由天莫苦求　萬金家計不須謀　十年不比前番事　祖業根基水上舟
六兩九	此乃惠受高位功名顯達之命也	君是人間衣祿星　一生富貴衆人欽　總然福祿由天定　安享榮華過一生
七兩	此乃權力俱備志望上流之命也	此命推來福不輕　不須愁慮苦勞心　一生天定衣與祿　富貴榮華主一生
七兩一	此乃大志大業勢如破竹之命也	此命生來大不同　公侯卿相在其中　一生自有逍遙福　富貴榮華極品隆
七兩二	此乃罕有生帝王之命也	此格世界罕有生　十代積善產此人　天上紫微來照命　統治萬民樂太平

出生的日數

日	重量
十四	一兩七錢
十五	一兩〇錢
十六	八錢
十七	九錢
十八	一兩八錢
十九	五錢
二十	一兩五錢
廿一	一兩〇錢
廿二	九錢
廿三	八錢
廿四	九錢
廿五	一兩五錢
廿六	一兩八錢
廿七	七錢
廿八	八錢
廿九	一兩六錢
三十	六錢

出生的時數

時	重量
子時	一兩六錢
丑時	六錢
寅時	七錢
卯時	一兩〇錢
辰時	九錢
巳時	一兩六錢
午時	一兩〇錢
未時	八錢
申時	八錢
酉時	九錢
戌時	六錢
亥時	六錢

第九章

監守自盜

——一見黃金起盜心，慧眼識破苦肉計

躺在醫院病床上的許芳明，偷偷將眼睛睜開一絲縫，向戒護在他病床邊的警員看去。這名警員煞有介事的來回走著，戒護著他的安全。

想到自己自導自演的這齣戲，如此成功，把那些警察騙得團團轉，也把醫院的醫生矇了過去，許芳明就得意非凡。如果不是這個警員在這裡；如果不是腹部的傷口會痛，他真想好好的大笑一場。

許芳明真的差點笑了出來，急忙極力忍住。可不能真的笑出聲來，笑出聲來，那可就前功盡棄；不但自己白白挨兩刀，連那二十斤的黃金也要飛了。

整整二十斤黃澄澄的黃金，一斤四十萬，二十斤就是八百萬，天啊！多誘人？他這輩子從來沒看過八百萬長什麼樣子，這下可讓他見識到了。

如果這些黃金是自己的就好了。當他的朋友柯順君將二十斤的黃金交到他手上時，他就心癢難捱，像有千萬隻螞蟻在心田爬著。

柯順君是他建築事業的合夥人，柯順君把這些黃金交給他，是要他把黃金送到台南去，向他的父親調現六百萬，做為財務支用。沉甸甸的二十斤，暖烘烘的八百萬，老天！叫自己就這樣傻傻的做個過路財神，「情何以堪」啊？對他未免也太「殘忍」了。

吞起來吧！他閃過這個念頭。

不！這是他朋友的東西，不可以！

但是，這些黃澄澄的金子，多叫人眼花撩亂？不動心就枉為人了。

不！還是不行！這是犯罪的行為，要坐牢的！

可是，八百萬好多啊！錯過這次，可能一輩子都沒機會再得到這麼多錢了！

但是，吞了這筆錢，一定會遭到警方的追緝，逃亡的日子可不好過啊！．．．

如果隱姓埋名呢？有沒有可能逃過法網？

法網恢恢，疏而不漏呢！沒這麼好吧！

可是，不入虎穴，焉得虎子？不冒點險，怎麼能發得了財呢？

一堆亂七八糟的想法在他的腦子閃來閃去；許芳明在「吞」與「不吞」之間徘徊、搖擺。

最後他想到了一個既可吞下二十斤黃金，又可以逃過法網的計策：苦肉計。

他先將二十斤的黃金藏起來，然後到了台北火車站，趁著沒人，將自己捅了兩刀，倒臥在男廁所內，假裝昏迷。

流血受傷、「昏迷」躺在地上的他，很快的被值勤警員發現，緊急送到鐵路醫院救治。之後，他「曾」醒來，向警方說明事情發生的經過。當然，他受朋友之託送黃金到

台南調換現金這一節是真的；而在臨上火車前，在男廁遭人猛刺兩刀，劫走黃金這一段，就是自己編劇杜撰的了。

「黃金大劫案」的發生，很快的在社會上喧騰起來，大家都十分關切這個案件的後續發展。這時候，他聽說這個案件已責由刑事局機動小組技正鄭毅調查。他有些怕了，鄭毅素有「霹靂神探」之稱，辦案經驗豐富，不要在他面前露出什麼破綻才好。

為了逼真，也為了避免麻煩，更為了怕露出什麼破綻，所以他在說完被劫經過後，他又假裝傷重，再度陷入昏迷。

哈哈，整齣戲到現在為止，十分圓滿，相信警方現在正忙得焦頭爛額，發動警網，四處偵尋黃金劫匪。當然，他們是不會找到的，誰也沒想到他是監守自盜；躺在病床上的他，才正是「黃金大劫案」的主角。

假裝昏迷是很苦的，不但全身不能亂動；眼睛也不能睜開。這可累慘他了，他躺得腰酸背痛，七葷八素。常說世上沒有不勞而獲的東西，這樣辛苦的「昏迷」，也算是種「勞」吧？

不管怎樣，為了那二十斤黃金，什麼「勞」都值得，什麼苦他都願受。想想，等自己傷癒出院；等警方久查「黃金劫匪」不獲；等一切事情都平靜下來，他就可以取出他

藏匿的二十斤黃金來花用。當然，他不能一下典當太多；花錢太兇，會啟人疑竇。他要一兩一兩的典當，一兩一兩的花。二十斤，他可以花多久啊？

有腳步聲傳來，聽聲音好像還不止一個人。站在門口的警員啪的聲，兩腳併攏，向來人立正敬禮。許芳明急忙兩眼一閉，繼續「昏迷」。不管來人是誰？管他來人是誰？他只要「昏迷」就沒事，就不會出錯。

雖然閉著眼，他卻知道來的人其中一個是鄭毅，因為他聽見鄭毅的聲音問戒護員警，病床上的他現在怎麼樣了，而員警回答鄭毅，他持續在昏迷中。

好個持續昏迷，如果他不是正在「昏迷」，此時的鄭毅又恐不知要問他什麼問題。問的愈多，他答的就愈多；話說的愈多，就愈容易出錯。許芳明愈來愈佩服自己的「天才」，想出這種方法跟警方鬥智。

另外一位跟鄭毅一起來的人是誰，他就不知道了，只聽見鄭毅口中不斷稱呼他是楊博士。管他什麼羊博士，牛博士？他只要不在鄭毅面前露出馬腳就好了，其他人並不重要。

感覺得出似乎他們正在仔細的觀察他，許芳明有點緊張。鎮定點，「昏迷」！繼續「昏迷」！只要沉住氣，沒有人會發現他是「假」的。許芳明這樣告訴自己。

楊日松目視著昏迷中的許芳明，發現了一個怪現象，這個病人眼皮下的眼珠竟然會動，而且是左右移動，非常靈活。

楊日松以為自己看錯了，定定睛再看；沒錯，他的眼珠的確在轉動。

楊日松皺了皺眉，納悶了。

大抵一個人的眼珠能這樣自由轉動，表示這個人的大腦活動也在正常的狀態下。而一個人的大腦活動正常，就表示這個人是清醒的。

他一怔，眼前病床上的許芳明分明是清醒的！

為什麼？既然他是清醒的，為什麼要假裝昏迷？

楊日松陷入沉思。這是一樁二十斤黃金的大劫案，被殺傷的當事人，如果能清醒的多提供線索，不是可以協助警方更正確偵查的方向，加緊破案的腳步，追回黃金，幫他討回公道嗎？而他卻反其道而行，假裝昏迷，這是為什麼？莫非……莫非他在逃避什麼？莫非他根本就不願警方偵破……？

想到這裡，他心中一跳；二十斤的黃金，是足夠叫人起盜心了。只不過這個「盜」可能非別人也，而是……？

鄭毅向他投來關切的一瞥。楊日松知道，他是關心眼前這個受傷的證人，什麼時候

可以清醒，什麼時候可以協助警方辦案。他不動聲色，沒有馬上向身旁的鄭毅說什麼。無論如何，這仍屬於懷疑階段，一切不能太早下論斷。一向，他就是有一分證據，說一分話。

楊日松為了證實自己的判斷，又在許芳明的傷口處看了看。

檢查過許芳明的傷口，他輕輕抿嘴笑了。是了，這根本就是個苦肉計，許芳明的傷根本是自己刺的，為什麼？因為傷口有所保留，顯示刀刺下去時，有過猶豫。如果是一個存心搶劫的歹徒，他還會怕你痛嗎？只怕是狠狠的把你捅倒，搶了東西就走要緊了。

什麼人會在刺下去時，有所猶豫？當然是自己了。

這個許芳明，為什麼要自導自演這麼一齣戲？這個就更不用說了。

到此時，楊日松還是沒有馬上揭穿許芳明的詭計。他想到，就算他此時對鄭毅說出整個緣由，許芳明可能會來個相應不理，裝蒜裝到底的繼續「昏迷」。雖然他可以舉出許多證明出來，揭發他的偽裝，但那過程太麻煩，太耗時，也不太好玩。

他想跟許芳明「玩」。

許芳明這種人，自認聰明，把警方當傻子一樣的玩弄，警方是不諳醫學，才會一時被他欺騙；在他這個浸淫了醫學數十年的法醫面前，也來這一套？那可是關老爺面前耍

大刀，有點搞不清狀況了。

說到玩，那本人可是祖師爺了。想在「祖師爺」面前玩把戲？好，那本「祖師爺」就陪你玩玩吧！

楊日松想到這裡，嘴角不禁露出頑童似的微笑。

接著，他的微笑一凝，大聲告訴鄭毅，這個人這樣昏迷下去不是辦法，他受的傷，一定不止是刀傷而已，在他受到歹徒襲擊倒地的時候，頭部可能也受了撞傷，才會導致昏迷。

「昏迷」的許芳明聽到這裡，差點噗哧笑了出來。哈！什麼蒙古大夫嘛！竟然做出這樣沒有根據的診斷，真是笑掉人家的大牙不賠錢！不過，既然他做出這樣的診斷，不正好遂了自己的心願？頭部受傷就頭部受傷吧！這樣裝起來也比較名正言順。

不過再接下去楊博士說的，就讓他笑不出來了。這個楊博士竟然又說，病人長期陷入昏迷，最好馬上為他開刀，找出病因。

許芳明嚇了一大跳，差點把眼睛睜了開來；開刀?!這不是真的吧?!

楊日松接著又大聲叫著護士小姐，把病人推到手術房去！

許芳明再也裝不下去了，他驀地從病床上疾坐而起，向楊日松大吼：你是啥米碗糕

？憑什麼看我的傷勢？憑什麼亂做主開刀？

許芳明知道自己這一起來，之前所做的一切偽裝，都要全功盡棄了。但他能不起來嗎？總不能真讓人在他頭上開個窟窿吧?!

在場的人全都愣住了，這個人怎麼突然清醒了？

對於許芳明不禮貌的言詞，楊日松也火大了，他頓時發了頓脾氣，把許芳明好好訓示了一頓。做錯事的人還有什麼資格向他大吼大叫？不是嗎？

被他罵著、罵著，許芳明慢慢明白了，原來眼前的楊博士，就是鼎鼎大名的法醫楊日松。怎麼會是他呢？他只是受了傷，又沒死，警方怎麼會把這個「歹徒的剋星」請來驗他呢？早知道是他，他就不會偽裝昏迷！現在好了，被他識破，弄巧成拙了。

許芳明真是後悔莫及，現在，警方一定不會再相信他從前的供詞了。

沒想到自己的一切心機會壞在一個法醫手裡，這．．．這簡直是莫名其妙嘛！

嗚呼！他的二十斤黃金！

嗚呼！他白白挨的兩刀！

嗚呼！他即將面臨的鐵窗歲月！

第十章

瞞天過海

——楊令公鬥法何仙姑

「仙姑廟」裡，何仙姑閉著眼，口裡唸唸有辭，專注的向端坐在神案上的「仙姑」神像做請示。田中忠三、鍾醫師、曾太太、和唐麗花的妹妹站在後面，也畢恭畢敬的合十膜拜，以期能早點感動「案上仙姑」，及早附在何仙姑身上，指點他們「迷津」。

田中忠三表面上平靜，心裡卻緊張得直打鼓。雖然事先已經打點好了，何仙姑答應一定照著他們套好的詞，假藉仙姑指點說出來。但事情沒到最後，誰也沒把握中途不會出差錯。就像他殺了唐麗花一樣，原先以為警方被自己的一套說詞騙過去了，他可以擺脫嫌疑了，沒想到經過十個月，警方繞了一大圈之後，又回頭把偵查的矛頭指向他．．．．

說真的，他好後悔幹下了這件命案，他從來沒想到要殺死唐麗花。她是他從日本來到台灣後，第一個結識的女人。跟她同居二年，多少總有個情份在，就算要分手，也要好聚好散嘛！不是嗎？再說，唐麗花這邊沒了油水，他大可「良禽擇木而棲」，換個女人嘛！憑他日本商社社長的名銜，要找過別的女人，還不是隨便招招手就一窩蜂搶著投懷送抱？都怪自己太衝動、太沉不住氣了。

日本商社社長的名銜真的太好用了，他打著這個名號來到台灣，自稱是日本田中首相家族之後，出入台北各高級俱樂部餐廳，認識了很多有頭有臉的人士。他就是在這個

時候遇上唐麗花，跟她一拍即合的同居起來的。

那個時候的唐麗花，已經是舞國名花了，由於個性豪放，人人都稱她為唐朝豪放女。她的恩客不少，曾經有一度被一位實業鉅子金屋藏嬌，成為有錢有閒的闊太太。據他所知，之前，唐麗花還曾結過四次婚，生有四個姓氏不同的子女。後來又同時跟謝姓、溫姓、林姓、劉姓等十幾個人交往，關係密切，生活十分複雜。

藉著跟唐麗花的這層關係，他以每股五十萬元的方式，邀約唐麗花、池姓兄弟、和今天跟他一起來這間仙姑廟「問神」的鍾醫師等人，合股成立了一家「忠三貿易公司」，代理日本東洋食療株式會社的「橘葉仙」香煙濾嘴。

第一次返回日本時，他牛刀小試的帶了一筆鉅大紅利回來台灣，大家分了不少的錢，皆大歡喜。消息傳出之後，許多從前在猶豫邊緣的人，莫不跑來要求合股。他又成立了日中公司，籌募了更多的錢，返回日本。

其實他哪是什麼日本商社的社長？他在東京只是個混混，老婆都恨他恨得要死。混不下去了，他只好來到台灣，看看能不能混出什麼名堂來。他來台灣一開始也沒存著多大希望，但是說真的，台灣人太天真、太好騙了，三兩語就讓他們乖乖的把腰包裡的錢掏出來。

第二次從台灣帶著這麼大一筆鉅款回日本，他當然不可能再吐出來，他告訴唐麗花，這次的生意虧了。唐麗花發現合約書拿不到，連投資鉅款也飛了時，便翻臉跟他吵了起來。

事故發生那天，合該有事，唐麗花的九歲的小女兒陳愛倫因為生病，發高燒留在家裡沒去上學，唐麗花心情已經很不好了，他又開口請求她把房地產拿去抵押，借貸二百萬給他東山再起。唐麗花更火大了，跟他大吵大鬧起來。他們的吵聲震天，沒多久就把鄰居曾太太給「吵」過來。曾太太好說歹說的勸了架，直到他們停止了吵架，才又離開。

唐麗花真是不知「見好就收」，曾太太一走，又跟他吵起來。她罵他沒良心，罵他不是男子漢、吃軟飯！孰可忍？孰不可忍？他氣起來，「啪」地甩手給她就是一個大巴掌，把她右耳的耳環都打掉了。他的手還被耳環的細針刺中，扎出個洞來，痛得什麼似的。

唐麗花這女人也真是笨，不但不知「見好就收」，也不知道「見壞就收」，挨了那麼大一巴掌，知道他在火頭上，識相一點就該忍一忍嘛！跟他犯什麼急？拚什麼命？她這樣形同瘋狂的朝他撲來，要報那一巴掌之仇，一副你死我活的樣子，口裡還不斷的發

出惡言，他一個大男人難道還怕她耍狠嗎？氣憤之下，他抓起了一旁的剪刀，便朝她一刺、再刺、猛刺⋯⋯

他不知道自己總共刺了幾下，總之不久之後，唐麗花終於像掉進紅染缸裡似的，倒在床上一動不會再動⋯⋯。

闖了禍，能避當然要避——他要趕快離開現場。首先是身上的血衣和一雙血手得清理掉，他不能就這樣逃離現場，不是嗎？於是他脫掉血衣，跑去打開一個隱密的水龍頭洗手。至於為什麼捨棄正常的廚房或浴室的水槽不用，而會下意識的跑來使用這外人不會輕易發現的水龍頭？他也說不上來，可能是一種逃避的本能反應吧？！不管有沒有用，能讓警方錯過一條線索是一條。

當他把可能遺留的證據都湮滅了，突然想起躺在病床上的小愛倫。可不能疏忽她，雖然她躺在病床昏昏沉沉，但是他跟麗花吵成這樣，連對面的鄰居曾太太也都聽到，跑來勸架，住在同一間屋裡的小愛倫不可能毫無感覺。尤其他在一刀一刀往麗花身上刺的時候，那慘叫聲她絕對不會聽不到。那麼她怎麼會毫無動靜呢？對！可能是害怕，害怕使她不敢吭聲。

他跑進小愛倫的房間，瞪著她看，問她：「你看見了什麼？」

小愛倫真是懂事，她急急的把頭搖得博浪鼓似的，眼中有淚、有懼。

「很好，沒看到就不要隨便對人亂說話，不然妳會跟妳媽媽一樣，知道嗎？」

他這樣叮嚀她。

小愛倫拚命點頭。事後也證明了小愛倫是「守信用」的，她沒對警方洩露什麼，他也才能安然的渡過這十個月。至於警方為什麼在案情懸宕十個月之後，又回過頭來調查他呢？問題反而出在自己身上。

由於曾太太曾經過來勸過架，他知道自己跟麗花吵過架的事絕對是瞞不過警方的，於是他乾脆大大方方的自己就先承認了這點。他告訴警方，曾太太勸完架走後，他也怒氣沖沖的離開唐家，「走路」到中泰賓館吃午飯，然後又到朋友鍾醫師那裡聊天。一直到傍晚回到唐家，才知道已發生了命案。

問題就發生在「時間」上。他說他離開唐家的時間是下午的一點半左右；沒想到曾太太卻說她一點四十五分才過去勸架。就那短短的十五分鐘，警方就對他的「信用」產生了懷疑，開始對他展開鉅細靡遺的調查。警方查到了他跟麗花之間有合股生意上的糾紛，查到了他出門都是搭計程車，從來不曾「走路」，也調查到他到中泰賓館的時間是下午的二點半。那麼從下午一點四十五分曾太太勸架走後，到二點半他到達中泰賓館之

間他在哪裡？在幹什麼？成了警方偵查的焦點。

更嚴重的是，刑事局的法醫楊日松，竟然從麗花胃裡的食物殘渣，「算」出她大概是在下午的二點～三點，也就是曾太太勸架離開後遇害。他害怕了，他真的是在這段時間把唐麗花殺了的呀！

眼看情勢對他愈來愈不妙，為了轉移目標，他事先收買了位在三重埔的這間神壇，跟神壇的主持人「何仙姑」串好供詞。然後再跑去告訴唐家的家屬和曾太太等人，說這間神壇的何仙姑有多靈驗、多玄妙，如果來問的話，一定可以問出唐麗花的死因？兇手？時間？

唐家家屬和曾太太等人，果然聽信了他的話，跟著他來見何仙姑。現在，就只等何仙姑開口「細說從頭」了。

「唐麗花死在從前的一位恩客手裡，被殺的時間是下午的三點鐘。」何仙姑裝模做樣的燒了半天紙，唸了半天咒，突然一凜，一副神明附體的樣子，然後開口說話了。

「能不能說清楚一點？」大夥精神一振，趨上前去，睜大眼睛問。

田中暗暗笑了。何仙姑果然「英明」，不負他所托。接下去他知道何仙姑會怎麼回答他們，她會說如果要想知道更詳細的經過情形，到南部的一間「岳王廟」請問「岳大

公爺」就可揭曉。何仙姑一定會這樣回答，他知道。因為，這也是他跟何仙姑事先串通好的。而他也知道「岳大公爺」的回答會跟何仙姑一模一樣，甚至更能補強；因為，他也把「岳大公爺」打點好了。他在想，光是一間廟的神明指示或許不夠，他們也許還會懷有疑慮；如果南北兩間的神廟都「不約而同」的如此說，「份量」夠了吧？！該深信不疑了吧？！

想到這裡，田中不禁長長的鬆口氣，啊．．．．從現在開始，他可以高枕無憂了吧？！

＊＊＊＊　　＊＊＊＊　　＊＊＊＊

楊日松的眼光左右掃瞄、上下游移，打量著眼前的這位何仙姑。

這位何仙姑，三、四十歲的樣子，長得是甜美白淨，如果不是道袍穿著，如果她是走在街上的任何一個女子，鐵定會吸引無數欣羨的眼光。可惜這位何仙姑雙眼老是瞇著，聽說是瞎的，不然如果再擁有一雙明眸，她真的是女人中的女人了。

是楊日松建議警方來這間仙姑廟，讓他跟何仙姑對質的。當唐麗花身邊的親戚朋友

聽信了何仙姑和岳大公爺的指示，認為命案是唐麗花生前的恩客幹的，要求警方過濾清查她所有的恩客時，楊日松就一肚子的疑惑。真有這麼厲害的神明嗎？如果真的這麼厲害，為什麼不乾脆指名道姓的說出是何人幹的？而只是這樣子「點到為止」，讓警方傷透腦筋？

從頭到尾，楊日松都認為這件命案是熟人所為。有幾項疑點支持他的這個看法：

第一，唐麗花一向對自己的門戶應對十分小心，除了熟人，她絕不輕易開門。

第二，唐麗花身上有十八處刺傷，兇器為剪刀，其中一刀刺入心臟，是為致命傷。如果是外人存心置她於死地，何不是攜帶「乾淨利落」、一刀就能斃命的利刃？而是使用「剪不斷、刺還亂」的剪刀，拖拖拉拉的折騰半天？很顯然的，兇手是「就地取材」，順手拿了就用。

第三，唐家有一處極為隱密的水龍頭，被人用來清洗血手。除非是對唐家非常熟悉，否則不會知道那個角落有水龍頭。

如果加入警方偵查出來的資料，在這些熟人中，又以田中的嫌疑最重。

第一，田中是唐麗花現階段的同居人，出入自由。

第二，田中與唐麗花在金錢上有糾紛，為了錢，兩人幾乎是天天起爭執。

第三，案發的前幾天，田中為了錢的事，曾用手臂緊勒唐麗花的脖子，小女兒求情也無效，直到唐麗花的姐姐來到解救，才免於一死。

第四，田中在案發後回家，很輕易的就打開辦案人員都無法扭開的那個隱密水龍頭。他太「熟練」了吧？！

第五，案發後，唐麗花的小女兒曾對警察說：「我爸爸為什麼要殺死我媽媽？」。雖然後來小女兒又否認，但是否受到警告才改口？

林林總總這麼多不利於田中的疑點，是否田中感受到了威脅，利用何仙姑來掉弄玄虛，轉移大家對他的注意力？這就是楊日松今天跟警方來這間「仙姑廟」的目的，他想來會會這個通靈的何仙姑，看看她有沒有像外傳的如此「法術高強」？

今天跟著一起來的，除了警方的專案小組外，還有唐家家屬親友、曾太太等人。當然，他「內定」的「兇手」田中，自然也是非到不可了。

對於他的打量，何仙姑似乎有些神色不安，偶而會偷偷向他投來心虛的一瞥。楊日松察覺到了，心中一跳，眼睛既然是瞎的，為什麼會對他的打量有反應？難道……她看得見？

「我們是為了唐麗花的命案來的，聽說妳神通廣大，知道唐麗花遇害的全部經過。

」楊日松說。為了試探她，楊日松故意走過來，走過去。

「不是我神通廣大，是我們的仙姑靈驗。」而何仙姑，雖然眼睛仍是瞇呀眨的，但她的臉卻不自覺的微微跟著他別過來、別過去。

楊日松隱隱露出一笑。是了，她的眼睛是好的，她看得見，她根本就不是個瞎子。不過楊日松並不動聲色，在還沒有十拿九穩之前，冒然去揭穿她，她一定是死不會承認的。

「那麼能不能請妳的仙姑，把當時的情形再說一遍給我們警方聽？」

「這．．．．。」何仙姑有點猶豫。

「有什麼困難嗎？」

「做法起乩，需要一段時間，而且仙姑不一定附身。」何仙姑的眼睛眨巴眨巴的說。

「怎麼妳的仙姑脾氣這麼跩呢？我的兄弟可就隨傳隨到。」楊日松說。

「你的兄弟？」何仙姑不明白。

「妳知道我驗過多少屍嗎？每個我幫忙申過冤的死者，都變成我的好兄弟，我需要他們的時候，他們都會隨時向我報到。」楊日松似真似假的說。

忽然指著周圍：「妳看，現在就來了好幾個。」

何仙姑神情緊張的睜大眼，左瞧右瞧。「在哪裡？」

「在那裡呢！」楊日松一指田中。

「沒有啊！我只看到田中。」何仙姑不加思索的便說。

楊日松笑了，她既然是瞎的，怎麼可以「看」到田中？

「仙姑好眼力。」楊日松望著她發笑。

何仙姑一愣，摸摸眼睛，這才知道中了計，惶恐不安起來。

「妳，假裝眼瞎，裝神弄鬼，訛詐斂財在先；虛放消息，企圖誤導警方辦案，妨礙公務在後。」楊日松口氣一轉，嚴厲的指責，「妳該當何罪？」　「我．．．．我沒有．．．．真的是仙姑降臨，告訴我是唐麗花生前的恩客幹的。」何仙姑仍然嘴硬。

楊日松皺皺眉，這樣僵持下去，沒完沒了，得想個法子，把她摺死在七寸上，讓她沒有再強辯的機會。

楊日松突然想到，他給唐麗花驗屍時，發現她的右耳耳環的珠飾被打落了。兇手用這麼大的力氣打落了她的珠飾，一定會被耳環上的細針刺傷。後來他在現場勘驗時，果然發現在電話機旁的茶几上，發現了三滴不同於被剪刀刺「濺」的血滴。

經過化驗，這三點血滴呈稀有的OM型反應，並非是死者的ON型。如果找出手受過傷，血型又為OM型的人，大概就八、九不離十了。

血型可以強制採驗，可那隻受傷的手，經過了十個月，傷口早就好了，想查看也早無痕跡了．．．．哦，不！或許還有依稀的疤痕也說不定。

楊日松想到這裡，突然開口向大家宣佈：「在場所有的人，把手都伸出來，給仙姑看一下。」是他想看田中一個人的手，但在事情不明朗之前，每個人都應該「視同清白」，他不能侵犯到任何人的「人權」。

「看手做什麼？」有人不明白的問。

「我想請仙姑用她的法眼看一下，誰的手受．．．．沒受過傷？」本來他想說的是「誰的手受過傷」？但在臨出口的那一剎，他又改變說法。田中不是兇手便罷，如果他的確是「手受過傷」的兇手，聽到了「誰的手受過傷」這句話，可能會引起他的警覺，暫時他還不想打草驚蛇。

大家順從的一字排開，把兩隻手伸出來，擺在何仙姑前面，等著她認辨。

「仙姑請。」楊日松向何仙姑一擺手。

何仙姑不知楊日松葫蘆裡賣的什麼膏藥，眼前好像也只能聽他的話了。

何仙姑一一看著每一雙手，楊日松「很自然」的也陪著她一一看過去。當他們查看到田中時，突然發生了一件連楊日松也不能解釋的奇怪現象。不知為什麼，何仙姑整個人突然機靈靈打了個顫，精神一凜，猛抬頭望著神案上的仙姑神像，停了幾秒，突然緊抓著田中的手，叫著：「我看到了，他的手擦過紅藥水，他曾經受過傷。」

「簡直是無稽之談，十個月前擦的紅藥水，妳還看得到？」田中急吼吼的叫著，甩開了何仙姑的手。

「真的，我真的看到了。」何仙姑深怕大家不相信，有點急。「我也不知道為什麼，我就是看到了。」說完這些，驀地又轉頭盯向楊日松。

接著，更奇怪的事又發生了，只見何仙姑噗通朝楊日松跪了下去，惶恐的說著：「不知是楊令公駕到，有眼不識泰山，請恕罪．．．．請恕罪．．．．．」

一時之間，大家都丈二金鋼，摸不著頭腦。事情怎麼會急轉直下？剛才還跟楊日松鬥法鬥了半天，怎麼突然就跪地討饒了？還叫著楊令公，楊日松幾時變成楊令公了？

「楊令公請恕罪．．．請恕罪．．．。」何仙姑嘴裡仍不斷的討著饒。

「妳起來！妳起來！」楊日松倒是神色自若：「妳現在願意說出實情了嗎？」

「我說！我說！是我收了田中的錢，照著他事先教我的話說的。」何仙姑大聲說著

。

「妳胡說！」田中臉色大變。

「楊令公在此，我們再狡辯也沒用，乾脆就承認了吧。」何仙姑無奈的說。

「什麼楊令公、楊令婆的，妳少神神鬼鬼的，我不信鬼神那一套。」田中大吼。

「你別忘了，是你最早把大家引到這間仙姑廟來的。」楊日松說。

「我．．．．。」田中語塞。

「田中，你還是從實招了吧！」楊日松說。

「招什麼？我什麼都沒做。」田中的態度仍十分強硬。

「把田中帶去驗血，我要跟現場採集到的那三滴血，比對一下。」楊日松回頭交待專案人員。

田中呆在當場，面如死灰。

＊＊＊＊　　＊＊＊＊　　＊＊＊＊

後記：

經過法醫組的血液專家陳若冰化驗的結果，田中的血型呈稀有的OM型，與現場所採集到的三滴血一模一樣。

另外，專案小組也接到刑事局八號分機轉來的日本國際組織的電話，說田中為東京的混混，根本不是什麼社長，也不是什麼田中首相的家族後裔。

專案小組後來總共蒐集了田中二十三項罪證，由檢查官郭波以殺人、詐欺、偽造文書，及違反國家動員法等罪嫌，提起公訴。

事後，有人問楊日松博士，何仙姑為什麼會突然改變立場？直指田中為兇手？是他的心理戰術奏效？還是她供奉的仙姑真的顯靈，指點她這麼做？

面對這一連串的問題，楊日松仍一本一貫作風，只是笑笑的說，下回分解。

至於何仙姑為何跪地直呼他為楊令公？這個楊令公是什麼楊令公？跟「北宋楊家將」裡的「楊令公」有何關聯？

楊日松的回答是：「這種前世的事，誰知道呢？」

第十一章

躍登龍門

——傻小子異想天開

「業務經理莊富來」。

莊火木拿著一張兒子新印好的名片，左看右看，橫打量豎打量。

原來名片就長這個樣子。常常看人家把名片掏來掏去，送這個送那個的套關係、打交道，從來沒想到有一天，他的傻兒子也能堂堂皇皇的印了個名片，還有個挺拉風的頭銜：「業務經理」。

他的兒子最近不知道交了什麼好運，被一家企業公司的總經理相中，請他去他公司當個業務經理。剛開始，兒子告訴他這件事的時候，他還不相信，以為人家是尋他兒子開心。沒想到沒多久，兒子的名片就印回來了，乖乖隆的冬！貨真價實、如假包換的業務經理，人家沒有尋兒子開心。

按理說，兒子新官上任，當上業務經理，他應該為兒子，也為自己高興才對。畢竟這是件露臉的事，以後在親戚朋友面前，他也能大大方方的掏出名片，典一下寶，顯一下威風，不是嗎？

但是不知怎的，他卻高興不起來。

總覺得很奇怪，為什麼會找上他兒子當經理呢？他的兒子有多少能耐，他比誰都清楚。沒有高學歷，沒有專業知識；富來一直是個水泥工，只會做粗活，哪懂得幹什麼經

理，這家的老闆不是個「白痴」，就是個「瘋子」。

莊火木很想開口叫兒子別去幹什麼經理了，免得將來不勝任，被人家炒魷魚，不是鬧笑話？雖然前一陣子因為車禍骨折，不能再做水泥工，賦閒在家，但可以找其他的工作啊，而且就算一時找不到合適的，家裡也不差他吃口飯啊！慢慢的找，一定會找到適任的工作的。

但是，看到兒子那副興奮的樣子，他又不忍心掃他的興。

此時的兒子，西裝畢挺，頭髮抹得油亮，站在鏡前猛照鏡子，不時露出憨笑；彷彿非常滿意自己即將上任的工作。

唉！要去就讓他去吧！萬一真的不行，回來再找工作也不遲，總不能一點機會都不給他吧！

而且，「說不定」兒子還真能幹經理也不一定。

＊＊＊　＊＊＊　＊＊＊

總經理辦公室裡，彭忠三勾著百葉窗，望著外面端坐在業務經理桌旁的莊富來，他

笑了；笑得很開心，笑得有些詭異。

這個傻瓜，他還真以為他是請他來當業務經理的，業務經理的位子豈是這麼簡單坐的？他一個「前」水泥工，憑什麼一步登天？他以為他是誰啊？也不看看自己的樣子，西裝畢挺，真是穿了龍袍也不像太子。如果不是為了．．．．哼！機關槍架在他脖子上，他也不會請他來坐這個位子。

不過話又說回來，如果他夠聰明，又怎麼會一步步走入他設計的甕裡？

該替他投多少的保比較好呢？

當然，原則上是愈多愈好，保得愈多，將來理賠就愈多。但是，也不能過高，理賠愈高，保險公司的調查，可能就愈嚴格。萬一露出馬腳，不但全功盡棄，理賠拿不到，還要吃上謀財害命的官司，那就完了。

他應該好好籌劃一下，在儘量不引起保險公司懷疑；自己又可以獲得最大「利潤」的範圍裡，替他投個最有利的保。

那麼，替他投什麼保，保費多少，才算「合理」呢？

唔，讓他想想．．．．．就給他保個三百萬的國泰人壽平安險吧？！呃．．．．好像又少了一點，才區區三百萬，這樣太「浪費」一個人了。

那就這樣吧！再給他保個「經理級」的企業險五百萬。這樣總共就有八百萬不算少了。

啊！對了！他不一定只向一家保險公司投保嘛！除了國泰，還有新光啊！分散在不同的保險公司，理賠就不會累積太多，就愈不會引人注意。

好！就這麼決定了，在新光也給他投個保！

新光有個什麼「吉利終身壽險」，聽說一旦投保人一旦發生意外，可以理賠五倍。哇塞！五倍耶！如果他給他投保一百萬，將來理賠就有五百萬；如果給他投保二百萬，天啊！那不就是一千萬了嗎？

一千萬加上國泰的八百萬，一千八百萬。啊！一千萬八百萬耶！彭忠三打心裡樂起來。值得！值得！他這樣煞費心機的去認識他，引他入公司，給他好職位，一切努力都有了代價，一切辛苦都值得。

現在，他還有一件很重要的事要做，那就是叫莊富來去追他的外甥女玉珍。等玉珍「順利」的嫁給了莊富來，成了那一千八百萬的受益人，他就能「順利」的接收那一千八百萬了！

希望莊富來乖乖聽話，讓他為他投保；希望莊富來「膽敢」追求玉珍，把玉珍娶進

門。

至於「其他」的，就交給他「全權」處理吧！

＊＊＊＊　　＊＊＊＊　　＊＊＊＊

莊富來簡直像做夢一樣。

對他來說，這幾月來的變化太大了。先是無意中認識了一個企業公司的總經理，這個總經理一點架子也沒有，紓尊降貴的跟他交上了朋友。接著這個總經理又不嫌棄他是個粗人，沒什麼業務經驗，把他引進公司，當個業務經理。這些都還沒什麼，最讓他感激的，要算是他把他如花似玉的外甥女玉珍嫁給了他。

當總經理示意他去追他的外甥女時，他好意外。他是什麼東西？玉珍又是什麼身份？他怎麼敢痴心妄想？但是總經理卻一直鼓勵他，幫他追求她。總經理甚至還表示，如果他娶了玉珍，他會給他房子、車子、和豐富的嫁粧。

最難能可貴的，玉珍竟然也不嫌棄他，交往了一個多月，就決定嫁給他。

這一切不是在做夢是什麼？

他一直覺得自己是天下最幸福、且最幸運的人，自從他認識總經理以後。但是他的爸爸卻不這麼認為。爸爸老認為幸運不會隨便從天而降，這種突然而來的幸運有點蹊蹺。

有什麼蹊蹺嘛！真是。他不必出一點錢，就能進入人家的公司當業務經理，每月還領人家一份不薄的薪水，人家都這樣仁盡義至了，還要怎樣？

還有，爸爸對公司給他保總數一千八百萬的險，也產生懷疑。這有什麼好懷疑的嘛？總經理是為了讓他有個保障，無後顧之憂，才給他保這個險的嘛！。總經理這如山的恩典，不感激人家，反而以小人之心度君子之腹，真是有點不應該。而且，一開始投保時，受益人寫的是媽媽的名字啊！難道媽媽會謀財害命不成？雖然結婚後，玉珍要求把受益人改她的名字。但「老公投保，太太受益。」這也是天經地義的事嘛！再說，他高攀了玉珍，對她做個相對的補償又有何不可？

男人視為人生最大目標的「五子登科」：妻子、房子、車子、孩子、金子，他已經得其四，唯一還沒有的，就是孩子。但是他才結婚一個多月，不急嘛！等玉珍的身體好了，孩子總會來的。

如果說這一大堆幸運的事情裡，還有什麼遺憾的，那就是至今他仍沒跟玉珍「圓房

」。結婚那天，他就被總經理他們灌得爛醉，錯過了洞房花燭夜。第二天開始，玉珍又因為「胃痛」住進醫院。一直到現在，玉珍的身體都還沒有全好，他也不敢逼玉珍。來日方長嘛，不是嗎？是他的就是他的，永遠跑不掉。

總之，他的一切幸運，都是總經理給的，總理對他真是恩重如山，他就是「粉身碎骨」也要報答。今天，他開著小貨車，帶著樣品，準備去見一個客戶。無論如何，他一定要把這筆生意拿到，以報答總經理的大恩大德。

咦？車子怎麼突然熄火了？

哎呀！真倒楣，不趕時間車子不壞，沒辦法啦！只好下車檢查一下了。

＊＊＊＊　　＊＊＊＊　　＊＊＊＊

彭衡東坐在轎車內，遠遠的看著莊富來下車、掀開引擎蓋。

按照計劃，是該動手的時候了。他只要將自己的轎車加足馬力，朝莊富來撞去，讓莊富來死於「車禍」，一切就大功告成啦！

他心情緊張起來；難道他真的要對一個活生生的人動手嗎？莊富來跟自己往日無冤

，近日無仇，他真的要置他於死地嗎？

莊富來啊！莊富來！為什麼你就這樣的不自量力呢？人家叫你當經理，你就真的跑去當經理，也不考慮自己有沒有這個能力？如果你有自知之明，拒絕了彭忠三的「好意」，或許你今天不會遭到這種橫禍了。

彭衡東啟動車子，緩緩的向低頭查看車子的莊富來逼近。

對不起了，莊富來，不是他狠心，他也是身不由己的。想想，一千八百萬，那是個天文數字耶！雖然這一千八百萬不是他一個人獨吞，他還要跟彭忠三、林玉珍分享，但那也夠他吃香喝辣的了。

一千八百萬，莊富來大概一輩子也沒想到，自己會值這麼多吧？死得這麼「值得」，或許他也該「含笑九泉」了。

車子愈來愈接近莊富來了，彭衡東的心怦怦狂跳，身軀有種亢奮中的顫抖。一咬牙，他驀地加足馬力，向莊富來衝撞過去。現在是箭在弦上，不得不發，計劃都已到了最後階段了，他不能反悔，只能閉起眼睛幹他這一回了。

砰！莊富來倒下了！

彭衡東急急停車察看。啊！竟然沒死，莊富來趴在地上，竟然只是受了重傷！不！

不行！計劃中，他應該慘死才對，不然拿不到他的保險費。那麼怎麼辦呢？再撞他一次嗎？

對！再撞一次！莊富來非死不可。

他抓起莊富來的手臂，猛力把他翻過來，讓他臉朝上。然後，他重新上了自己的轎車，轟！轟！再奮力催油，朝不能動彈的莊富來衝去……。

* * * *　　* * * *　　* * * *

楊日松檢視著莊富來的屍體。

警方接獲死者父親的陳情書，提出了幾個疑點，懷疑兒子的死因並不單純，可能是遭謀財害命而死的。為了深入調查，警方請他來為死者驗屍。

驗這個屍，他小心翼翼，一絲一毫都不敢疏忽。

疏忽不得呀！他的驗屍報告將影響著兩個人，一個是肇事者彭衡東；一個是死者莊富來。如果他的驗屍報告是「車禍致死」，則可以保住肇事者的清白，肇事者只需負「過失殺人」之過，不必負「謀殺」的刑責。反之，如果他驗出的結果，是「故意撞死」

，那麼則可替死者申冤，讓死者瞑目。

博士發現死者左鎖骨嚴重骨碎，左邊胸膛大量出血，頭部有瘀傷。致死原因是胸腔出血。

如果光看這些，他可能會認定是一件極為普通的車禍致死案；但他發現了死者手臂上有抓痕。

莊富來是醫院的救護車抬走的。按理說，醫院的救護人員，都受過訓練，在搬動莊富來的身體時，都會謹守「輕移輕放」的分寸，不會這麼使勁抓他手臂，留下這麼深的抓痕才對。

這些抓痕是怎麼來的？透著什麼玄機？值得重視。

雖說不可能是醫護人員抓的，但卻也不能完全排除沒有疏忽。他覺得還是要看過肇事車輛才能更精確的下斷言。

就在肇事車輛的後座，他發現了一顆鈕扣。經過比對，他發現這顆鈕扣跟死者莊富來衣服上的鈕扣，一模一樣。

這就不對了！莊富來發生車禍後，既然是被醫院的救護車帶走的，怎麼會有鈕扣掉在肇事的車輛上？可見莊富來曾經待在肇事的車輛上。被撞的人為什麼會「曾經」待在

撞他的人的車上呢？

這又是一個疑點。

他再仔細查看肇事車輛，發現肇事車輛的保險桿凹得非常厲害。撞倒一個人，車子怎麼可能受到這麼嚴重的創傷？

那麼，這車子的凹痕，應該是人為故意造成的！

抓痕、鈕扣、保險桿。他的心裡閃出了一個畫面：莊富來先被車子撞到，受傷後，臉部朝地的趴下。彭衡東抓著他的右臂，猛力把他的身體翻過來，回到車上，開車從他身上輾過……。

是了，就是這樣，莊富來是被謀害死的。

世風日下，人心不古，沒想到犯罪的手法翻新到這種地步。莊富來死得冤枉，死得可憐。

對人性充滿信心錯了嗎？相信一個人錯了嗎？人與人之間不是應該相互信賴，真誠以待嗎？莊富來，一個憨憨厚厚的小子，沒讀多少書，他做到了這一點，他以「君子之心」去度人，卻也枉死在「君子之心」上。難道這是叫我們人類都以「小人之心」相互猜忌、相互防範嗎？

如果老實人、好人，都死得快，那還有什麼天理？

「莊富來不是意外死亡，他是被人故意撞死的。」他憤憤的向大眾宣佈。

＊＊＊＊　　　＊＊＊＊　　　＊＊＊＊

博士每次的破案，除了專業的醫學知識外，他的靈感與豐富的想像力，往往都是破案的契機，因此博士所說的每句話，不僅具有強烈的震撼力，更是意義深遠。而他的努力及對事的細心與投入的精力及心血，更造就了不平凡的楊日松。

第十二章

『沉』冤昭雪

——石袋水上飄，屍塊訴冤情

靜悄悄。

從桃園市區往莊敬路上某個釣魚池的這一路，靜悄悄。

張榮坊手裡提著一袋什麼，東張西望，閃閃躲躲的走在這條靜悄悄的路上。

雖是午夜時分，偶而還是會有一輛趕夜路的車子呼嘯而過。每當有車輛經過，張榮坊總會下意識的把手上的塑膠袋擋在身體後面，似乎怕人家看到塑膠袋裡裝的是什麼。

冥紙，他的塑膠袋裡裝的是冥紙。

正因為是冥紙，所以他才要躲躲藏藏，怕人看見。

試想，三更半夜，他一個人孤孤單單的拎著一袋冥紙，走在靜靜悄悄的街上，人家會怎麼想？如果是要給某個已過世的「朋友」或「親人」送「盤纏」，他大可在白天來燒這玩意兒啊！為什麼要選在這種幽冷、孤寂的夜晚，一個人悄悄的進行？就算有一定要在夜晚出動的理由，也可以找個伴一起「共襄盛舉」啊！不是嗎？

「這中間一定有問題。」人家一定會這樣想。

不錯！是有問題，還是個大問題。這袋冥紙，他是要燒給妻子王寶莉的。三天前，他那已「變成八塊」的妻子王寶莉，被他連同一塊塊石頭，沉到魚池底下去了。今晚，他就是要到魚池去祭拜她的「在水之靈」。

想到妻子王寶莉，張榮坊的一顆心就揪了起來；有苦、有恨、也有痛。一夜夫妻百日恩，他何嘗願意將一個活生生的妻子大卸八塊，沉屍池底？不應該變成這樣的。他，三十七歲，有正當職業；他，規規矩矩，朝九晚五。如果沒有什麼意外，他的人生似乎應該照著這條路，「正當」下去；「規矩」下去才對。沒有什麼理由他會願意遽然的破壞這個「正當」，破壞這個「規矩」，把自己變成一個殺妻棄屍的兇手。

無奈啊！這一切都是他激憤下惹出來的禍。

他想不透自己到底哪一點比不上妻子的那個男友。說職業嘛？他台北工專夜間部畢業，在桃園龜山一家電線電纜公司當企劃課長，雖不是什麼大老闆，卻也「比上不足，比下有餘」。說外表長相嘛？他雖然沒有潘安的風流俊俏，卻也乾乾淨淨，五官端正。最起碼當初是她「認可」了，才會願意跟他結婚的嘛，不是嗎？再說到個性涵養，雖然他也有一點小小的脾氣，但倒也素行良好，無不良嗜好。

好吧！就算這些「正當職業」、「五官端正」、「素行良好」都不算什麼，都擋不住「愛情的誘惑」；那麼那兩個可愛天真的小孩，該可以發揮一點「慰留」作用，拉住她的心吧？

然而沒有，她仍然任性的跟那個男的交往，完全無視於他的感受，孩子的感受；無視於這個家可能會因此破裂。他一氣之下告進了法院。

法院給了他一個公平的裁決，「那個男的」，被判了三個月的刑。而他的妻子，在她的苦苦哀求下，他心軟的撤回了對她的告訴。

原以為經過這番折騰，她的妻子該會悔悟，會收心，該可以專心的「做他一個人的太太」。沒想到不但沒有，她不但變本加厲的繼續跟「那個男的」來往，還視他如眼中釘，對他的苦勸無動於衷。

他從沒想到一個女人變起心來也是這麼可怕，這麼毫不留情面。他的妻子，竟然跟「那個男的」使出一記「回馬槍」，共同設計，使他對「那個男的」疾言厲色的口出恐嚇之言，再由「那個男的」出面控告於他。

由於「罪證確鑿」，他「中槍落馬」，被「扳倒」了，法院判他一個恐嚇罪。

歷經兩次的「對決」，各有勝場，硬碰硬的結果，他們夫妻的感情更惡劣了，幾乎已到了「相看兩相厭」的地步。

三天前，出事的那個夜晚，他本來已經睡著了，卻被輾轉反側的妻子吵醒。妻子怪他不應該提出告訴，將她跟「那個男的」的事情公諸於世，鬧得親戚朋友、左右鄰居都

知道，叫她抬不起頭。

他憤怒的反駁，難道他做了「陸軍上將」，戴了特大號的「綠帽子」，都不能採取行動嗎？天下哪有這個道理？如果她還要面子，就不該做出這種丟人的事來，這一切都是她咎由自取，怪不得他。

一個晚上，他跟妻子就這樣吵來吵去，吵得不可開交。吵到最後，按捺不住，又打了起來。他的妻子在憤怒之下，竟然跑到廚房拿了把菜刀，要砍殺他。

他當然不可能坐以待斃，他反抗，跟妻子扭打著要奪她的刀。妻子頑抗，他順手抓到了一旁的電話線，纏繞她的脖子……。

看到妻子了無氣息的倒在地上，他慌了，殺人罪會被判多久的刑？會不會他這輩子就要在獄中渡過？會不會他甚至連坐牢都不必，就被判死刑？不！他不要！這輩子他為妻子吃了多少的苦？戴綠帽子的苦，吃上「恐嚇罪」官司的苦，吵吵打打、永不得安寧的苦，他已經受夠了，他不要在她死後，還要為她受牢獄之苦。

考慮了一下，他決定自己「善後」。把妻子神不知鬼不覺的「處理掉」，他什麼苦都不必受。

打定主意後，他動手將妻子大卸八塊，分成幾個塑膠袋裝起來，趁著天黑沒人的時

候，把這些屍塊丟棄在莊敬路這家由水利會經營的釣魚池裡．．．．。

分屍、棄屍後的這三天裡，儘管他裝得若無其事，但內心一直十分不安，眼睛一閉上，那些跟妻子吵架、打架、殺妻、分屍、棄屍的鏡頭，就會一幕一幕的在腦海裡重演。今天，他特地買了一些冥紙，想到棄屍地點給他那「沉在池底」的妻子燒點紙錢，以盡點「人夫」之道。

「對著魚池燒紙錢」這種「叫人啟疑竇」的事，他自然不會白天來，他只能選在寂靜無人的半夜。但是躲掉了白天的「活人」，能不能躲掉夜裡另外一個世界，無數對發著精光的眼睛？尤其是他的妻子，她現在是否就站在池邊，眼睜睜的看著他一步步的走近？她會不會突然現身出來，質問他，為什麼要對她這麼狠？

想到這裡，他害怕起來。何必一定要走近魚池？在這裡遠遠的燒紙錢給她，她準會知道，她會自己過來拿的。他這樣安慰自己。

好好上路吧！他邊燒紙錢邊默唸，拿著這些「錢」，願妳一路順風！

＊＊＊＊　　＊＊＊＊　　＊＊＊＊

黃先生揹著釣具，心情愉快的走到釣魚池，找個「風水」好的地方站定，坐了下來，準備好魚餌，甩下魚桿，好整以暇的等著魚兒的上鉤。

這是清晨六點，還沒有別人，他是第一個來報到的人，看在他這麼「真心誠意」，這麼「勤快」的份上，今天應該會有一份好的收穫才是。「早起的鳥兒有蟲吃」，不是嗎？

咦？那是什麼？黃鼓鼓的，在池上載浮載沉？一個、二個、三個．．．．乖乖！有五、六個呢！

黃先生走上前去，把頭湊得近近的，去看那個黃鼓鼓的什麼。是個塑膠袋嘛！誰這麼沒公德心？環境要大家保護嘛！丟個這麼大的塑膠袋在魚池裡，叫親愛的魚兒吃了怎麼辦？把魚兒吃翻了白，以後還釣個什麼鳥？不行，得把這叫人看了討厭的塑膠袋撿起來丟掉才行。

黃先生勾了勾那個塑膠袋，不想從裡面「伸」出了一隻腳掌來。黃先生大吃一驚！怎麼會有人的腳掌裝在塑膠袋裡？莫．．．．莫非．．．．．．?!

哎呀！我的媽！快跑！他碰到「分屍案」了！

黃先生跌跌撞撞的找到魚池管理員，馬上打電話報警。

將這些塑膠袋全打撈上來之後，警方發現全是分了塊的「人體」。將這些「人塊」放在擔架上「排列組合」了以後，發現還少了頭部、雙手和下陰。

很令警方奇怪的是，這些屍包都附著有沉重的石頭，按理都該沉在池底才對，怎麼會每包都浮出水面，讓人發現？

曾繁偉法醫勘驗過現場後，指出死者是一名女性，生產過兩次，腹部有開刀手術過的疤痕。

第二天，警員在現場附近巡邏時，又發現魚池裡浮起了同樣的黃塑膠袋，打撈起來一看，是死者的「雙手」。

「萬屍俱備，只欠頭顱」，由於沒有頭，警方找不到死者的身份，案情呈現膠著。為了找到更多的線索，警方於是請來楊日松博士親到桃園驗屍。

楊日松看過屍體後，認為這名女性死者身高大約在一六二到一六五左右，年齡在三十歲以上，小腹有油脂積存，做過三次結紮手術。最近的一次手術，應在生前七至十天所做。輸卵管喇叭口縫了八針，其中兩條藍色縫線還沒有取出。

楊日松指出，這是條很重要的線索，給死者做過這樣手術的醫師應該有印象，如果能找到這名醫師，就可以找到死者身份了。

警方還沒有找到為死者做手術的婦科醫師，便傳來在魚池又找到「頭」的「好消息了。看到這顆頭顱的，莫不被「她」的模樣嚇一跳。這顆頭顱的太陽穴呈青紫色，上唇部份被割掉，露出了上面整排牙齒，十分的陰森可怖！

楊日松博士二度被請來了。這次的複驗，楊博士提供了更多珍貴的線索。他說，女屍的肌肉有青紫不一的瘀血，認為死者在死前的一天跟三天，曾被毆打過。誰有機會「經常性」的毆打她呢？跟她最親近枕邊人，最有嫌疑。

還有，死者門牙的右上三顆，和右下二顆是假牙，如果能找到鑲牙的醫生，就可以找到死者的身份。至於為什麼會被割掉上唇，楊博士的推測是，死者的上唇一定有某種很容易被人認出的特徵，比如像黑痣之類的。割去，是想讓人認不出。

警方根據楊博士所提供的線索，很快的在桃園市找到了一家為死者做過牙齒的牙科診所。根據病歷上的資料所載，死者的名字叫做王寶莉。

警方立即對王寶莉做了深入的調查。據王女娘家的人說，王寶莉最近常跟丈夫吵架，而鄰居們也證實，當晚曾聽到張榮坊夫妻吵得很兇，甚至還大打出手。

當張榮坊看到警察找上門時，知道大勢已去，躲不掉了，只好全盤招認。的確，他為了怕被認出王寶莉的身份，將她上唇的痣割掉；同時因太痛恨她的「不貞」，洩憤的

把她的下陰割掉。

他不明白的是，為了怕屍體會浮起來，特別在各個屍袋裡加裝塊石頭，希望能永遠冤「沉」水底，沒想到的是，加了石塊的屍體還是浮了起來，這．．．．這是為什麼？莫非這就是所謂的：「法網恢恢，疏而不漏」？

第十三章

水鬼傳說

——水鬼想投胎，替身納命來！

中國農曆上的七月，是習俗中的「鬼月」。傳說七月初一為「開鬼門」的日子，也就是在這一天，所有在陰曹地府的「好兄弟」都會被放出來，讓他們在陽間遊玩乞食。整整一個月之後，又把這些「好兄弟」關回陰間，稱之為「關鬼門」。

「鬼」，是人們最懼怕的，所以對七月這個鬼月也是諸多忌諱。舉凡嫁娶納采、祈福動土、移徙入宅等，諸事不宜，免得沾惹晦氣，大不吉利。大人們，出門舟車會更小心；小孩子更被耳提面命，不許這樣，不許那樣，因為這個時候「四周皆鬼」，一不小心就招惹上他們。尤其不能到河邊玩水，因為水鬼隨時都在「虎視眈眈」的找「合適」的人當替死鬼。

水鬼等在河邊找「替死鬼」的傳說，由來已久。據說，水鬼必須在有人在原地溺死，頂替了他的位置之後，才能轉世投胎為人。小時候在鄉下，如果某個水域曾經淹死過人，那個地方便成了大人們的「拒絕往來戶」，不但自己不會輕易下水，也不許自己的孩子接近。偏偏鄉下的小孩沒什麼娛樂，爬樹玩水是唯一「信手拈來」、「俯拾皆是」的遊戲，常常不知天高地厚的背著大人，下水玩去。如果被大人逮到了，自然免不了一頓好打。

筆者有個堂弟，居住在老家桃園縣的新屋鄉，他便有過被水鬼拉下水去當替身的恐

怖經歷。幸好他水性好，當時也機警，幸運的逃過了一劫。

新屋鄉公所的後面，有一個大池塘，有一天，堂弟一時興起，跑去那裡玩水。玩得正高興的時候，忽然感覺有「人」在水裡拉他的腳。起初，他以為是誰趁他不備，偷偷溜下水，跟他開玩笑。便不甚在意的在水裡踢著腳，跟那「人」鬥起「水性」來，他倒想看看對方能在水裡待多久？

但是經過好一會兒，那「人」絲毫沒有放手的跡象。堂弟有點火了，在水裡怎麼可以開這麼久的玩笑？要不是他的水性好，豈不淹死了？

堂弟生氣的大力掙扎，想掙脫那「人」的手。但是無論他怎麼掙扎，那「人」就是緊緊的拉住他的腳，始終不肯鬆手，甚至，還將他的身子用力的往水底下扯。堂弟心裡開始有些害怕了，在水裡睜開眼一看，是個不認識的「人」，咬牙獰笑的用盡全力在拉扯他的腳。

說他是「人」，其實有點牽強。矮小的身裁，青白的臉，慘綠的眼光，獰笑著一副勢在必得的樣子。堂弟腦門轟然一響，驀地驚醒！他知道他碰到了「非人類」，是「水鬼」在拉他下水。

一股求生意志竄上心頭，堂弟在水中與水鬼全力奮戰起來。但是人畢竟是人，人不

可能跟一個水鬼在水中做持久戰。沒多久，堂弟便感體力不支，他需要呼吸！而堂弟也知道，在這種情況下，他是不可能有機會再浮上去呼吸空氣的。靈機一動，他假裝力竭，閉氣凝息的「死」去。

那水鬼看他一動不動了，以為他真的死了，非常高興的抓著他的腳，直把他拖入水底，躊躇意滿的嘿嘿笑著，把一枚古銅幣塞入他的嘴裡含著，然後便離開了水底，不知到哪裡去了。

待水鬼一離開，堂弟便一個翻身，快馬加鞭的奮力游上水面，直游回岸邊，然後馬不停蹄、頭也不回的逃回家去。

當天晚上，驚魂未定的堂弟在睡覺時，朦朦朧朧中，看見了那個水鬼出現在他的床前，一改白天抓他時的猙獰模樣，可憐兮兮的向堂弟哀求，請堂弟還他那枚古銅幣。這枚銅幣是前後任水鬼「交接」的「印信」，沒了它，他從此將難以再找人接替，他勢必得永遠留在那塊水塘做水鬼。

堂弟一個驚醒，水鬼倏然不見。堂弟滿心惶然的挨到了天亮，天一亮，便急忙跑回那塊水塘，把銅幣丟回水裡去。自此，那個水鬼就再也沒來找他了。

農曆七月是個大熱天，尤其又正逢放暑假，大家特別喜歡到河裡、海邊戲水，於是

發生溺斃的機率也特別多。因此感覺上，七月的水鬼似乎特別兇猛。一般的大人，在這個月份，大都會看緊自己的小孩，不讓孩子隨便跑去玩水。但是，楊日松博士的母親卻是個例外。楊博士說，在他小的時候，每年的七月初一鬼門開，和七月三十鬼門關的日子，他的母親都會命令他下河游泳。為什麼呢？也有一段靈異的故事。

話說在楊博士年幼時，家鄉苗栗發生了多年難見的大水災。那場大水災，有如萬馬奔騰，以千里一瀉之勢，直撲山下的村落。銅鑼鄉有三個村莊，一夜之間全毀，人畜家禽無一倖免，浮屍遍處，良田成了澤國。大水繼續直奔而下，竄流到楊博士的故鄉「石圍牆」，把長久以來保護石圍牆農田和居民安全的堤壩沖垮了。一時之間，石圍牆的房舍、人命岌岌可危。

面對凶濤惡水，楊博士的母親要同時照顧這麼多的小孩，唯恐有失，情急生智，把楊博士放在農人插秧時，用來盛裝秧苗的木製「秧盆」裡，用繩子緊緊的繫在挺立在洪水中的竹幹上。如此一來，「秧盆」在水中漂來盪去，卻不會翻覆沖走。

母親處理完「小」博士，立即回頭照顧其他小孩。「小」博士被放在秧盆上，單獨「流浪」在洪水中，嚇得哇哇哭了起來。就在這個時候，他發現不遠處的洪水中，立著一個人，歪著頭看他。

說這「人」是人，還真不是人，身上長滿青苔水草不說，一張臉慘白無色，一對眼珠骨碌碌的轉。很奇怪的是，這「人」好像並不怕洪水，他站在水中，洪水無論怎樣的沖刷、拍擊，他都紋風不動。「小」博士被這樣一個「奇怪」的人吸引住了，傻傻的看著他，暫時忘了害怕，也忘了哭。

正在你看我，我看你的時候，遠遠的，一根粗大的樹幹隨著洪水奔騰而下，眼看對準「小」博士的秧盆撞擊而來。那「人」一發現這種情形，縱身撲入水中，飛快擋在「小」博士前面，迎向那根粗木，順勢一撥，把粗木撥調個頭，從秧盆旁擦身而過。

這個「人」此後便一直守在「小」博士身邊，時而為他撥開隨著洪水迎面撞來的樹枝雜物；時而為他擋掉奔騰而下的石塊。在做這些事的空檔，還不忘時時回頭向「小」博士露出他自認是「和藹」－其實是「恐怖」的笑容。

好不容易有「人」陪他待在水裡，「小」博士開心的跟他玩了起來。有時候是「小」博士惡作劇的拽拽他身上的青苔水草，把他疼得呲牙裂嘴；有時候是他故意搖晃著「小」博士安坐的秧盆，把「小」博士嚇得驚叫連連。

就在二人在水中玩得不亦樂乎的時候，岸邊，走來了一個鄉民。這個鄉民看到水裡飄著一個小箱子，便一手拉著岸邊的樹枝，一手伸得長長的要去撈木箱。

「小」博士發現正在跟他玩的這個「人」忽然臉一歛，露出一種奇怪的笑容來。然後轉頭對「小」博士說：「我不能陪你玩了，我的時間到了。」說完便要離開，向岸邊的那個鄉民游去。

「小」博士一把拉住他，不肯讓他走，他要他繼續陪他。

「我真的要走了，錯過這次，我又不知要等到什麼時候。」這「人」撥開「小」博士緊抓住他的手，向「小」博士揮了揮手，縱身入水，向岸邊那人游去。

「小」博士親眼看著那「人」怎麼一把抓住鄉民撈木箱的手，把鄉民拉下水；親眼看著鄉民怎麼在水中掙扎著，與洪水搏鬥。

就在這個時候，一個大浪撲來，嗆倒了「小」博士，「小」博士身子一後仰，秧盆一個傾斜，便一頭栽在洪水裡。「小」博士本能的一手勾住秧盆，死命的抓住不放，一面哭叫起來。在岸邊，正努力把鄉民逐漸往水中心拉的那個「人」，聞聲看來，發現了「小」博士正處於險境，吃一驚，看看手中的鄉民，又看看「小」博士，好像不知怎麼取捨。

「小」博士小小年紀，能跟洪水搏鬥多久？沒多久，手一鬆，小小身軀馬上便被洪水捲著往下游方向沖。正在危急的時候，「小」博士感覺身子一輕，被「人」托了起來

，在水中載浮載沉的逆流而上。不久，他被放回仍緊繫在竹幹上的秧盆中。「小」博士猛咳一陣，才有機會回頭看看救了自己的是誰。原來正是那個「人」，趕緊向鄉民看去，鄉民已掙扎著爬上了岸，驚魂未定的一步步離開這片洪水。

那時候年紀小，不知道這一切究竟是怎麼回事，只知道眼前的這個「人」，默默的低著頭，顯得相當沮喪。

水災停歇，洪水退了，「小」博士的母親從那邊走來，要抱回秧盆中的他。只見那個人浮起一抹辛酸的笑，向「小」博士擺了擺手，彎身潛入水中，從此不見。

「小」博士被母親抱回家後，斷斷續續的向母親說著剛才在水中的遭遇。母親聽後，面色凝重的沉思起來。後來，不知怎麼，母親便開始要他學游泳，而且規定每年的農曆七月初一和七月三十，都要他下河游泳。

母親的這項規定被她執行得極為徹底，沒有一年，他可以「偷懶」，可以「例外」。一直到小學畢了業，到日本唸書了，這項規定才不得已的終止。

當時年紀小，只知道服從母親的命令，乖乖的初一三十下水，從來也沒想到這有什麼不對。後來稍稍長大一點，搞懂了那天自己碰到了什麼事，也知道了七月鬼月的一些忌諱，腦袋裡才浮起一些疑問，為什麼別人的母親都不許自己的孩子在七月下水，唯獨

自己的母親「特立獨行」，硬性規定在「最兇險」的鬼月，一定要他下河游泳？可惜他有這些疑問的時候，已經身在日本，沒有機會問母親，這，究竟是為什麼？

是啊！這究竟是為什麼呢？會不會是博士的母親為了叩謝那個為了搭救兒子而喪失投胎轉世機會的「仁兄」？七月初一鬼門開下水，是為了迎接「他」；七月三十鬼門關下水，是為了給「他」送行？

有一則關於水鬼當城隍的故事。有個水鬼，在一方水域待了很久了，有好幾個可以抓到替死鬼，讓自己投胎轉世的機會，他都放棄了。因為他不忍心看到人間白髮哭黑髮，或者妻離子散等悲歡離合、生離死別的事。每次在最後關頭，他都放人一馬，寧願自己繼續在水中苦苦的過日子。他的善心後來被閻羅王知道了，非常感動，便派這個水鬼到某個地方當個城隍爺，從此脫離了「水牢」苦刑。

一別數十年，楊博士一直耿耿於懷，他何德何能，為什麼那位「水中仁兄」寧願捨棄好不容易等到的投胎轉世的機會，跑去救他？

不過，他最想知道的是，這位「水中仁兄」，別來是否無恙？如今安在？還待在那塊水域做個苦哈哈的水鬼？或者已經另外抓了人，投胎轉世去了？亦或者他也得到閻羅王的賞識，到哪裡當差去了？

第十四章

食人肉，求生存

——海山煤礦聞色變

是不是他已經死了？四周如此的寂靜，他卻聽不到自己的呼吸聲，是不是他已經告別人世，來到陰曹地府了？

可是，聽人家說，人死後的靈魂是輕飄飄的，不再感覺任何痛苦，為什麼他的頭還是如此昏沉，身軀還如此的酸痛？努力屈了屈手指，啊！還能動！是了，他還沒死，他只是昏沉沉的睡去，昏沉沉的醒來，虛弱得覺得自己「快死」了。

那麼，他這一覺睡了多久？一個小時？二個小時？‧‧‧‧還是更久？每次醒來，他就覺得自己更虛弱；下次他再睡著，能不能再醒來？他會不會就此長眠而去？天啊！他還要在這裡待多久？他到底還有沒有救？上面的人怎麼了？怎麼過了一個世紀還沒下來救他？是不是時間太長了，他們已經放棄拯救的行動了？哦，不！千萬別放棄任何希望，他這樣子歷盡千辛萬苦，排解了一切困難，好不容易存活到現在，如果最後希望的滅絕是因為挽救行動的放棄，那他一切的辛苦豈不是白費？

主耶穌啊！請再保佑一次吧！既然之前已經保佑他周宗魯逃過了爆炸、逃過了火球、逃過了一氧化碳、逃過了飢餓乾渴，那麼就請再發一次慈悲吧！保佑上面的人仍沒放棄最後一線希望，保佑他仍有體力支撐到最後一刻‧‧‧‧。

礦坑究竟是在哪裡爆炸的？是怎樣爆炸的？在毫無預警的情況下，「咻」地一聲，

陣陣狂嘯的暴風就已排山倒海的襲到身邊，坑道內所有的東西頓時凌空狂舞，他戴在頭上的帽子也被吹落。緊接著，一團團火球，由坑道那邊對著他直衝而來，他本能的以雙手抱著頭，啪地趴倒地上。熱浪陣陣，無數的灼燙的沙粒毫不留情的擊打在他身上，他覺得身體好像要著火了。

不知過了多久，暴風停了，熱浪止了，這時候的他，才敢探起頭來，爬向坑外。就在前面不遠，他發現地上蜷曲著一位燒焦的同事。此時，他無暇哀悼，只有繼續往前逃。更前面，傳來一聲聲此起彼落的哀號聲，一些被灼傷的人，呼天搶地的跪在坑道內，痛苦的叫著「上帝」「耶穌」，叫著「觀音」「媽祖」。

這時候的他，反而冷靜下來。他也信奉上帝，可是上帝只能帶給他信心，一切的求生行動，還是要自己進行。他想到，爆炸之後，煤屑、爆煙必定隨之而來，在這些煤屑、塵煙裡，必定夾雜著一氧化碳，或是二氧化碳。一氧化碳是致命的毒氣，二氧化碳代表缺氧，任何一種都遭遇不得。為今之計，首要的就是趕緊逃離這裡，找個通風良好的地方。他大聲叫著，要求還能行動的人，跟著他跑。但是人在最危急的時候，最容易喪失理智了，他們竟然寧願待在人多「有伴」的地方，不願跟著他去「冒險」。

他只好一個人走了，一個人走向生死未卜的路。老實說，在這個暗無天日的活地獄

裡，要離開群眾單獨去冒險，需要絕大的勇氣。他知道自己必須提起這個勇氣，與其留在這裡坐以待斃，不如闖那「生死未卜」之路，或許還有一線希望。

他由七本東一直往上爬，企圖找到一條生路。但四處都被落磐堵住，他左突右闖，一直突圍不出。最後，他終於在轉到五本中的坑道時，發現了有一處並沒有完全堵死，落磐和坑頂之間，還留著稍許的縫隙。他拚命的從這個縫隙中鑽了過去，終於找到了風管，以鼻子緊貼風管，緊閉住口，貪婪的呼吸著新鮮空氣。在那裡，他待了好久好久，不敢輕易離開，直到他感覺到口乾舌燥，肚子咕嚕嚕叫。

他確信外面的人已經知道這裡發生災變，也確信現在有一大堆人正忙著在挖掘搶救。但是，要挖掘多久才能挖掘到這裡？這礦場這麼大，會不會還沒挖到這裡，他已經渴死、餓死了？不行！他得找水喝，得找東西吃，這樣才能維持體力。

可是，這坑道內是不是還佈滿了一氧化碳？他一離開風管會不會有危險？想了想，他摘下了頭盔，撒了一泡尿在裡面，利用頭盔內的海綿和尿液自製了一具防毒面具。這樣，他就算遇上了毒氣，也能自保了。

然後，他開啟戴在頭上的帽燈，暫時離開了風管，辛苦的挪動身軀，四處找水。打從逃生開始，照明燈他就一直省著用，不到必要的時候，絕不輕易的開它。這電池頂多

能照明八、九個小時，誰知道他還要多久才能逃出去？如果貪圖一時的「光明」，燃盡了電池，到時坑內一片漆黑，再想逃生，連路都會找不到。

忽然，他精神一振。眼前一位已罹難同事的鞋襪是濕的，那麼附近一定有水了？抬頭一看，果然，就在坑道上方的岩縫間，點點滴滴的有水滲下。他如獲至寶的鋸下死去同事的水壺去接水，接了好久好久，總算接滿了水。他在附近又兜了一圈，發現那些不肯跟他走的同事們，都已經一個個倒下，再無氣息了。他強忍著心中的悲痛，摘下他們的水壺，有多少水就喝多少，免得日子久了，這些水也不能喝了。他儘量不去碰自己新接滿的水，這壺水，他要在最忍無可忍的時候，才喝他一小口。免得急兇兇的喝完這壺水，那岩縫又不再滴水，到時候豈不又是死路一條？

水的問題解決，又過了漫長的不知多久之後，新的問題又產生了。餓！這個問題嚴重，在這個不見天日的坑道內，可沒辦法像找到水一樣，在岩縫間「接」到食物。那麼怎麼辦呢？難道在費盡千辛萬苦之後，他還必需餓死？不！他要活下去！他家裡還有妻兒子女，家裡還不能沒有他。

但是，他要找什麼果腹呢？在這深深的地底層裡，連一些昆蟲都「懶」得來這裡，他恐怕是這裡唯一的「生物」了。

突然，他兀自打了一個哆嗦。因為，他想到了一個自己都吃驚、噁心的解決辦法，——肉，那一具具躺在坑道中的同事軀體上的肉。在這種絕路下，唯一能果腹的，大概只剩他們身上的肉了。

拿著找來的鋸子，他望著靜靜躺著的同事軀體，久久鋸不下去。真的要吃他的肉嗎？他不但是個「人」，還是個「同事」呀！

算了，別吃「他」了，或許光喝水也還可以維持個四、五天吧！

但是誰知道還要多久他才會得救？如果四、五天之後他仍沒獲救，到時候身體虛弱得無法動彈，又要如何繼續逃生？

那麼就再等個四、五天吧！如果四、五天後還是沒有得救，那時再來吃也不遲。

哦，不行！再經過個四、五天，屍體早就腐爛得差不多了，那時就是想吃，也不能吃了。

經過一再的猶豫、掙扎，他終於一咬牙，握緊鋸子，朝一條大腿肉鋸了下去‧‧‧‧‧‧。原諒他吧！不是他狠心，是他走投無路了‧‧‧‧‧‧。

他剜下了第一塊小腿肉。那肉已經發臭，不能吃；再剮下另一個同事的，還是臭的。到了第三具時，終於，他割到了一位「比較年輕的」，那「肉」，勉強還能入口。塞

入嘴裡，他不敢咀嚼，和著水囫圇吞了下去。

這時回想起來，幸好當時他當機立斷的決定了「吃」，否則再遲疑下去，連那「年輕的肉」都發臭不能吃了。如果沒有吃下那塊肉，也許自己早就沒體力繼續循「再管卸」爬到「又卸頭」的「二半中」，守在這兒待救了。

這種活生生被埋在地下的滋味，太可怕了，跟這個比起來，當年跟老共打的追逐戰算什麼？那時還知道跟誰打？還知道戰線有多長？戰況有多緊？起碼還有個「人」可以追，或者逃。而這裡，他正在跟誰作戰呢？還需要打多久呢？從前打敗了，還可以跑到台灣來；在這裡，打敗了，他往哪兒逃？地獄陰曹嗎？

今天是幾號了？他究竟待在這下面有幾天了？十二月五日，是他最後一個能清楚記得的日子。之後的，一團亂、一團黑，他失去了時辰的量角器，失去了歲月的刻度表。他已經沒了晝夜；沒了二十四小時的劃分。

咦？他怎麼好像聽到了敲打聲？是他聽錯了嗎？是他臨死前的幻覺嗎？……不，不對，那敲打聲愈來愈真切，還夾雜著人語。啊！人聲？！真的是人聲！上面的人終於找下來了，終於找到他的身邊來了！啊！他終於可以得救，周宗魯啊！周宗魯！你的努力終究沒有白費！你終於可以重見天日了！

＊＊＊＊　　＊＊＊＊　　＊＊＊＊

民國七十三年十二月五日，位於台北縣三峽鎮溪東里的海山一坑煤礦，發生了嚴重的礦災，經過一個星期的挖掘搶救，總計有九十餘人罹難，一人獲救。這名獲救的人名叫周宗魯，五十六歲，是個退伍軍人，擔任礦工已有十幾年的歷史。當時他憑著堅強的求生意志，和在軍中習來的過人的求生技能，驚險的逃過一劫。

周宗魯被救上來之後，向檢查官說明了割取屍體，吞吃人肉的求生經過。這項驚人的消息經過報導出來，引起很大的轟動與騷動，紛紛指責政府的搶救能力，並將案情牽扯上人為事故，懷疑是礦內發生了內鬥，相互殘殺。甚至有人繪聲繪影的傳說，是周宗魯利用所攜帶的雷管炸藥，故意引發災變。

當時的台北縣長林豐正（現任內政部長），建設廳長黃鏡峰，台灣省警務處副處長陳學廉，台北縣警察局長姚高橋（現警政署長），台北板橋檢察處主任檢察官吳啟民，檢察官陳寺榮，均赴現場坐鎮指揮，並電請刑事警察局法醫楊日松博士前往協助。

楊日松博士到達現場了解現況後，建議礦場的搶救安全人員，依據生還人周宗魯的

指示地點，找尋他所拋棄的頭盔、水壺等證物。經警方派人深入礦內蒐證，的確依周宗魯所說的求生路線，發現了爬行痕跡，和用頭盔製成的防毒面具、鋸斷的水壺……等等，證實周宗魯一切所言不虛。而且，在「再卸七片道」，也找到了原封不動的雷管炸藥，洗清了周宗魯的嫌疑。

當時因為家屬的心焦，隨著一具具屍體的陸續被挖掘出，引起群情激動，大吵大鬧起來。台北縣警察局姚局長，深怕引起動亂，迅速電調一個中隊的警力前來礦場戒備，維持秩序。

楊法醫仔細的檢驗先送出的二十三具屍體，做出了總結報告：

1、屍體之一的陳國器，33歲，兩大腿肉被割取巴掌大一塊。

2、48歲的林瑞秤、呂金德，小腿肚肉各被割取拳頭大一塊。

3、被割取部無生活反應，是為死後割取。

4、被割取部並非齒咬，而是鋸齒的鋸割痕。在坑道內找到的一把刀型鋸，周宗魯當場承認是他鋸取屍肉時所持用的。

5、此三人均為甲烷與二氧化碳（缺氧）窒息，鼻口、氣管內有多量碳粉及石灰塵充塞，非殺死，或爆炸燃燒的一氧化碳中毒而死。

如以罪刑按，「死後割取」與「死前割取」，會有兩個截然不同的量刑標準，死後割取，所犯的是「毀損屍體」罪；死前割取，那就可能涉及到、「傷害」了。楊日松的這個檢驗結果一出來，無異的就洗清了周宗魯的傷害嫌疑。至於「損害屍體」方面，法界人士說，我國刑法第廿四條規定：因避免自己或他人生命、身體、自由、財產之緊急危難，而出於不得已之行為，不罰。但避難行為過當，得減輕或免除其刑。周宗魯陷坑四天，毫無能果腹之食物，在不得已的情況下，割食他人屍體，為求自救，應屬於緊急避難行為。楊博士這個檢驗出來，又「救」了周宗魯一次，使得他不必揹負「傷害」的罪刑。

楊日松博士說，關於這種「食人肉」的案子，不乏先例。二次大戰期間，台灣人被徵調到南洋當軍夫。戰敗時，與日軍被迫逃入山林，在山洞裡生活。饑餓到極點時，日軍產生了幻覺，射殺了台灣人肉食。後來台灣人警覺到了，也在幻覺下同樣射殺日軍，食其肉。

八十五年七月五日，中央日報海外版，記者唐維中多倫多報導，加拿大發生烹食人肉的慘案。十四歲的查爾斯，看了十遍有關法師的電影，相信吃人肉可獲神奇飛行能力，因而殺死七歲的男童，切剖其肉煮食。吃到後來，兩眼發紅，目露兇光，看起來可怕

極了。

楊日松博士又說，傳說中，吃了人肉的人，眼珠會發紅，露兇光，有如狂犬一樣怕吃水。這現象真假不知，但周宗魯目發兇光，眼珠發紅，怕吃水（屍水）的感覺，是否即是吃人肉症，有待研究。

作者為了趕寫這篇「食人肉」的稿子，廢寢忘食的蒐集資料，連日熬夜撰寫，寫到最後，用眼過度，眼珠子發紅起來，脾氣壞透，眼露兇光，對鏡一看，還真把自己嚇一大跳。

第十五章

江子翠命案

——謀職不慎，羊入虎口

匡噹！鐵門的開啟聲。

在這陰森淒冷、安靜沉寂的死囚牢房裡，驀地響起這個聲音，格外顯得刺耳。

林憲昆的心跳動一下，來了，終於來了，押他到刑場執行槍決的，終於來了。

昨晚，當晚餐送來，他發現有魚有肉時，他就知道是自己的最後一餐了。從前在外面，還沒有進這個牢房時，他就聽說，死囚在準備執行槍決時，獄方都會為這個死刑犯弄份特別豐盛的一餐。所以，在接到那樣一份晚餐時，他就心裡有數了。

知道是自己最後一餐，那種心境真不知如何形容。望著那些魚、肉，他竟不想舉筷；他絲毫沒有食慾，這個時候，他終於也嘗到了面臨死亡的滋味了。

那個張名鳳，在面臨即將被他殺害的危機時，又是怎樣的一個心境呢？

他原先也不想殺她的。但是她一再尖叫、掙扎、對他拳打腳踢，他一時心急，才失手將她勒死的。

一直以來，他就有性虐待的毛病，太太就是因為受不了他這個毛病才跟他分居的。他按捺不住慾火的燃燒，於是設計利用求才廣告，誘騙求職的女性上鉤。張明鳳就是在這種情況下，進了他的住處．．．．．。

嘎、嘎、嘎．．．．．，鐵門開啟、關閉之後，走廊馬上又響起一步步皮靴敲打地面

的聲音。誰都知道，那是法警走路的聲音，而誰也都知道，這也是死神走路的聲音，這聲音停在哪個囚房門口，哪個死囚立即就要被押送到刑場，執行槍決．．．．。

關在別的牢房的許多死囚，紛紛起床，抓著鐵欄杆，盯著走在外面走廊的法警。大家都想知道，今天輪到誰了？

林憲昆一動不動，他心裡清楚，這些皮靴聲即將停在他的門口，關著他的鐵門，很快會被拉開，他很快會被押送到法場，一顆子彈很快會從他的心臟或腦袋穿過．．．．．。

意料中的，腳步聲果然停在他的囚房門口。

嘩啦！關著他的鐵欄被拉開。即使已經做著心理準備了，林憲昆還是驚悚了一下。

求職的張名鳳進入他的住處時，他也嘩啦拉下他家的鐵門。跟她談沒幾句，他已壓制不住性的飢渴，向她求歡。張名鳳驚慌的拒絕了，並開始要逃。好容易才釣上一個，他哪這麼容易被她逃出去？一場追逐掙扎之後，她軟軟的倒在他有力的雙掌之下，再無氣息。

把她勒死了．．．．。

剛開始發現她被自己失手勒死時，他有些慌，畢竟這不是他預計中的發展。冷靜下

來之後，他開始考慮要怎麼處理這具屍體，才不致於敗露罪行。他才二十四歲，還有大好前程等著他，他可不要坐牢。要不讓人知道他犯下了命案，首先就不能讓人發現有這具屍體；要想不讓人發現這具屍體，首先便得將它處理掉。扛著這麼大一具屍體跑出去丟棄，一定會啟人疑竇，唯一的辦法就是把「它」分解開來，變成一小塊、一小塊。

在初中、高中時，他對生物學就特別有興趣，經常跑到書局翻閱有關解剖學的書，對人體的結構，他是瞭若指掌。因此，他知道怎麼支解屍體最俐落。

他先將屍體用熱水泡了三個多小時。屍體一經泡過，肌肉就會收縮變形，腐爛的也快。屍體腐爛的程度愈嚴重，偵破的機率也愈小，這是他打的如意算盤。然後，他切下屍體的頭，再一一從關節處支解開手、腳、脊髓、恥骨、肋骨、腳掌等。

他又想到，最危險的地方正是最安全的地方，他把分解成九大塊的屍體，裝成三大袋，然後用機車載到大漢溪的一座橋上，趁著無人注意，把三大袋的屍包踢下橋下⋯⋯。

進來的法警，面無表情的向他宣讀著手上一紙槍決執行令。他，林憲昆，定於今天，五月二十五日，執行槍決。

忍不住，他顫抖了起來。今天，就是他年輕的生命終結的日子，從此他將在這個世

界上消失，並且留下臭名。早知道會有今天，當初在幹下此案時，就該多做考慮啊……。

法警押著他，出了曾經跟他結伴的牢房，沿著走廊，一步步往外走。他行一步，軟一步，到最後，幾乎是要法警拖著他，才能移動。

至今，他仍想不透，他一切做得乾淨俐落，為什麼警方還能找上他？張名鳳的屍體被發現，在社會上鬧得沸沸揚揚時，他正因另外一件對姚姓女子強姦未遂的案子，被判了六年的刑，羈押在台北看守所裡。按理說，被關在那裡，沒人會注意到他，應該是他最好的護身符才對。但，他偏就是被揪出來了，而且是罪證確鑿，讓他無從狡辯。

還有，楊日松到底是個什麼人？他是怎麼把一具腐爛得這麼嚴重的屍體，檢驗得那麼精確的？精確得就好像他看過張名鳳本人一樣？什麼死者乳線未開，顯示死者未曾哺乳；左小腿長四十四公分，判斷死者身高約一六二公分，年齡約十七到二十五歲左右；左小腿有一火柴頭大小的紅痣；圓臉、短頷、大門牙、嘴小、唇薄、腦殼圓……。最關鍵的，他驗出了死者的牙齒十分特殊，六顆的牙床，只長了四顆，牙縫特別大。使得這些特徵逐漸跟失蹤的張名鳳連接起來。連他這個分解了張名鳳的人，都未必知道她這麼多的特徵；而楊日松竟然能洋洋灑灑的提出來，這究竟是什麼鬼使神差，莫非他

是他的剋星？

而且，他還驗出左小腿有被踢的痕跡，顯示經過了一番掙扎才被殺害；又驗出屍體受過擠壓，致使耳朵呈S型，且兩耳耳垂向後彎曲。好像他親眼看到了打鬥的現場，和他處理屍體的過程一樣。這．．．．這難道就是大家常說的：「老天有眼，從不放過」？是老天爺為了懲罰他，才讓楊日松這號人物出現的？

再怎麼磨，再怎麼蹭，終於，他還是被拖到刑場了。他被戴上了眼罩，站立在場上。

他不知道自己還能活在這個世界上多久，一秒？兩秒？三秒？也許馬上槍響，他就要倒下。無論多久，別了，這個世界！

＊＊＊＊　　＊＊＊＊　　＊＊＊＊

（中屍毒之感覺）

癢！

無比的癢！出奇的癢！

癢入心扉！癢入骨髓！

忍著．．．忍著．．．。

但是，他可以忍受僕僕風塵、舟車勞頓，每天南北奔波不停的驗屍之苦；他可以忍受猙獰恐怖的腐屍，忍受奇臭無比的屍臭，就是不能忍受身上椎心刺骨的癢。

博士不能控制的去抓！

任誰也無法除去那深入骨髓的癢。

「紅皮症」，病理學上這樣稱呼。

「屍毒」，民間又這樣俗稱。

不管是「紅皮症」，或者是「屍毒」，深諳醫學常識的他，知道那是什麼，那是因為經常接觸屍體，吸進腐敗蛋白質所致。染上了此症，不但全身奇癢難捱，愈抓愈癢，直至抓破了皮，還想再抓；而且還會有脫皮、落髮現象。

「江子翠分屍案」發生時，為了協助警方偵辦此案，他每天不厭其煩的從福馬林液體中，將屍塊撈進撈出，詳細的向來指認的民眾解說屍塊的特徵，因而感染了此症。

經過兩個多月的治療，試過林林總總、各式各樣的藥，醫生們也都盡心盡力了，他的病卻依然故我，沒有痊癒。

不是說「人在做，天在看」嗎？不是說「好心有好報」嗎？怎麼自己為無數冤魂報仇，為無數心碎的家庭申冤之後，老天還讓他得到此症？

為了這個病，不但苦煞了他自己，也連累了他的一家大小。看到妻子、兒女為了自己的奇病憂心煩惱，但又愛莫能助的痛苦樣子，心中又多添了一份對他們歉疚的苦。

為什麼要走上「法醫」這條路呢？當初跟所有的同學一樣，選擇內科也好、外科也好、皮膚科、婦產科．．．．．什麼科也好，都比「法醫」來得輕鬆、來得有「錢」途。看看自己的一些同學，個個在各自的領域裡，不是各有一番做為？名也有了，利也有了。而自己，卻在為千萬具屍體犧牲奉獻了數十年之後，換來一身奇病折磨自己，也折磨家人！

在這個渾沌污濁、權慾橫流的社會裡，必需要有人守住正義的最後一道防線，必需要有人做逆流中的中流砥柱。這幾十年來，自己的犧牲奉獻雖然沒有為自己賺來與辛苦等量的報酬；但假自己之手，使一些受苦的人獲得申冤平反，使一些難解的案子獲得破解，正是自己最大的欣慰。那些獲得申冤平反的人感激的神色，是博士最大的報酬；而得到整個社會的肯定與信賴，是他最大的財富。

老實說，他並不怕死。在跟數以萬計的屍體打過交道之後；在看盡世間各種險惡冷

暖之後，死，其實並不可怕的。而他怕的是病，好漢不怕出身低；英雄只怕病來磨。眼前，他正遭受前所未有的磨難，他究竟能不能好？這種病究竟能不能醫？

「是不是老天爺要告訴我什麼？才讓我得這種怪病？」他有時會想。

自從他生怪癢之病的消息傳出之後，不斷的有民眾向他提供偏單祕方，其中有吃雞屁股；有吃麻油雞酒；有泡米糠澡……。

在試過各種西藥都無效之後，楊日松決定試著採用這些民間偏方。他吃雞屁股，也吃麻油雞酒；最後，他泡了米糠澡。

奇蹟似的，大約經過了半個多月的時間，他的一身奇癢，竟然痊癒了，他可以出院了。

這一刻，他豁然開朗。是了，他知道老天爺要告訴他什麼了。德不孤，必有鄰，他以恩以德對待百姓；百姓便以熱心、溫情回報。

這是老天爺要告訴博士的。博士知道。

「法醫」這條路，為了正義，為了發奸除惡，他勢必還要義無反顧的繼續走下去，博士堅持著他一生的志業。

第十六章

致命的0.27秒

——砰！砰！砰！誰是神槍手

黃夫人慢慢的將轎車停下來，抬頭仰望著前面不遠處一棟建築。到了，市警二分局就在前面那幢大樓，她的目的地到了。

打開車門，不知怎地，她的腳跨下去，又下意識的縮回來，一顆心怦怦跳個不停。「自首」！她真的要走進那個許多警察進進出出的大門，告訴裡面的警察們，他殺了人了，她利用一把槍，把三個大男人殺了?!

來的時候，明明已經鼓足了勇氣，怎麼到了警察局又膽怯了？她有點懊惱。

天啊?!要不要進那門呢？這門一進去，她就成了槍殺三條人命的兇手，她即將犧牲自己的家庭、犧牲丈夫、犧牲兒女；犧牲丈夫長久以來在醫界建立的聲譽，犧牲他們一直享有的社會地位和形象‧‧‧‧‧‧她所擁有的一切都要在進門的一剎那，犧牲殆盡；她真的還要進那門嗎？

可是，不進那門又怎麼辦呢？媽媽的眼淚！殘疾的小弟！蔡家的香煙！‧‧‧‧‧‧，全都靠她「自首」這一舉了呀！自從她可憐的大弟英年早逝，保護蔡家的任務便責無旁貸的落到她的身上，她身為蔡家唯一僅剩的「正常」的孩子，在這緊要關頭，又怎能不為娘家肩挑所有的責任？

再說，她那可憐的小弟，因為患了小兒痲痺，自小雙腳殘疾，從沒一天過過「正常

」的日子，她怎麼忍心再讓他去接受審判，被抓去槍斃——殺了三條人命，會被判死刑吧?!

想到這裡，心一橫，她下了車，一步一步的走向警察局。大弟死時，媽媽已經哭斷了肝腸，她不能再讓小弟也死，她不能再讓白髮送黑髮的故事重演，她不能讓蔡家斷了後·····。

警察先生們會相信她一個弱女子，竟能一口氣連殺三條大漢嗎？會吧！她有槍，槍不是比人的動作快嗎？

警察會不會在她的供詞裡找出破綻，發覺她是「頂罪」的？不會吧?!她跟弟弟已經套好，只要到時她跟弟弟都不慌不忙、不自亂陣腳，警察不會就這麼神通，硬是找出毛病的。

「我是來自首的，我用這支槍殺了三個人。」她進了警察局，把一支中共黑星手槍，和彈匣兩個，放在桌上，這樣告訴警察。

刑事幹員們大吃一驚。

「我剛才在南華街一〇一號經貿大樓的十一樓，槍殺了高階公司的董事長陳國志、總經理陳志雄兄弟，和他們的法律顧問許先萬。」她將這背得滾瓜爛熟的詞，一字一句

的說完。

說完這些後，她整個綳緊的情緒，頓時萎洩下來，該說的都已經說了，以後的事，就聽天由命了。

她腦袋轟轟然的看著刑事幹員們，匆匆忙的安排趕赴案發現場。她知道，他們即將看見陳國志仰躺於地，陳志雄側趴他的旁邊，許先萬趴臥在他們兄弟腳旁；即將看見他們三人均已血流成河，氣絕多時……。

很快的，市警局副局長林一民和刑警隊長林進凱也趕來二分局了，他們親自偵訊了她。

「廿三日上午九點，我邀約陳氏兄弟到經貿大樓十一樓，談判我的大弟蔡棋章生前借給他們公司二億七千萬元的事。結果陳氏兄弟帶著他們公司的法律顧問許先萬同去，不但向我表示我的胞弟已經死了，他們不會認帳，還動手搶奪我手中的支票，打了我的臉。」她力持鎮靜的向偵訊她的副局長和刑警隊長供訴：「我一時氣憤，取出藏在口袋中的黑星手槍，向他們三人亂射，並換了彈匣連開了十四發，射死了他們三人。」

現場有了她所說的三條人命；她在這裡又詳細的說明了犯案的整個經過，警方該相信她了吧?!她的小弟應該可以沒事了吧?!她想。

＊＊＊＊　　＊＊＊＊　　＊＊＊＊

檢察官吳勇輝坐鎮現場，冷眼看著眼前美麗的名眼科醫生夫人，怎麼做她的「現場表演」。

案發後的幾個小時，他便與台南地檢署的季麟慶法醫趕到現場，做了仔細的勘驗。他們發現，三名死者聚在一處，頭部均中彈，似乎不像黃夫人在供詞中所說，是她一人在慌亂的情況下亂射所致。而且，三名死者均衣著完整，無劇烈掙扎的痕跡，傷口邊緣有煙暈，研判應是近距離射擊。

依常理推論，三名死者年輕壯碩，面對一個纖弱的女人，在這麼近的距離下，對她的掏槍開槍當有所反制動作。就算第一個來不及反應而中槍，那麼第二個在求生的本能下，不是衝上前奪槍，就是向門外逃散。為什麼三個大男人沒有一個去搶槍，也沒有人往外逃，「乖乖的」聚在一起坐以待斃？是否黃夫人隱瞞了什麼？是否現場不止她一人？

這個現場表演很重要，無論如何精明的人，只要是撒謊，總有百密一疏之處，他期

待黃夫人在這個現場表演中，能夠露出破綻，還案情一個清白。

「我從右側繞過屏風，面對大門坐在辦公桌前，陳國志三人跟著進入，面對面坐在我的辦公桌前面……。」黃夫人一面比手劃腳的指著當時的方位，一面敘述她跟陳國志三人如何的談判破裂，如何的她掏槍亂射，直至把七發子彈射完。

吳勇輝仔細聽著、看著。她的說詞跟前面說的沒什麼兩樣，似乎沒什麼破綻。但是她後來再補充的一句話，觸動了他的靈感。黃夫人說，三個人被她射倒後，她聽到陳志雄還在呻吟，就退掉發射完畢的彈匣，再裝上另一個彈匣，朝陳志雄連續射擊。

「妳真的打過槍嗎？」吳勇輝問。

「當然打過。」黃夫人看看他，似乎有點奇怪為什麼她都承認打死三個人了，他還問這種「秀逗」的問題。

「那妳表演一下拔槍射擊的動作。」吳勇輝說。

黃夫人拿起警方提供的玩具手槍，比劃了一下。吳勇輝與一旁的刑事組長李進義相視一眼，露出會心一笑。黑星手槍在擊發前，必須拉動槍機滑套，才能使子彈上膛，順利射擊。而黃夫人的表演，卻漏了最重要的這一環。

為了更確定起見，吳勇輝又叫她再表演了兩次。結果三次都一樣，黃夫人並沒有拉

動槍機。

「妳剛才說換了彈匣再射，這槍還有一顆彈頭在裡面，請妳退出，並換彈匣。」刑事組長李進義又遞來一把真槍。

吳勇輝盯著黃夫人，只見她頓時傻了眼，拿著槍不知如何「下手」。看看現場大家又都在盯著她看，心慌意亂之下，胡撥亂弄一通，就是無法退出彈頭。

看看她急得滿頭大汗，吳勇輝笑了，這案子是不是她幹的，最清楚不過了。

＊＊＊＊　　＊＊＊＊　　＊＊＊＊

楊日松博士趕到台南時，已經是這件命案發生後的第四天了。

雖然檢察官吳勇輝幾乎已經確定這件命案不是黃夫人——最起碼不是她一個人幹的，但經過反覆審訊，黃夫人卻一直死咬著自己是唯一的兇手，不肯鬆口。為什麼她甘願放棄自己擁有的這麼美好幸福的家庭，和社會地位，承擔起所有罪責？誰有這個力量讓她這麼做？「親情」是他第一個想到的。是她的白髮老母嗎？不可能！是她患有小兒痲痺的小弟嗎？也不像！

為了毋枉毋縱，他電請名法醫楊日松前來協助複驗，以期對案情有更突破性的幫助。

楊博士率著仲建國、和曾燁塘二位助手法醫，和驗槍專技人員，趕赴殯儀館，立即會同季麟慶法醫再行複驗。複驗的結果是這樣：

1、屍體三名均由正面射擊，胸部三～四槍伏倒後，兇手移到右側方再各補二～三槍。頭部中彈致死，射距大約二～三M。

2、經採現場遺留彈殼、彈頭與自首的手槍比對，均為同把槍射擊。

3、射擊的速度迅速、準確，作案兇手接近神槍手的程度，似乎受過某種程度的射擊訓練。而且依現場情況來看，兇手在做案時，曾因移動碰撞到腿腳，甚至摔倒，有受傷黑青的可能。

有了這些線索，檢警雙方，立即展開更深入的調查。據一位目擊證人指出，黃夫人在案發前，曾跟她的母親和弟弟共同搭一輛車子出現在現場大樓。警方將偵查矛頭轉向黃夫人殘障的弟弟蔡名勇。

經查，黃夫人的弟弟蔡名勇雖是下肢殘疾，但是他的雙手卻是健全的。而且，蔡名勇曾經接受過手槍訓練，查看他的腿腳，恰有楊法醫推測的黑青傷痕存在。

一切跡象直指蔡名勇，檢查官吳勇輝即刻下令收押了他。

經過鍥而不捨的反覆偵審，蔡名勇終於俯首認罪，坦承他才是真正的殺人兇手。他說，那天，他陪著姐姐跟陳氏兄弟談判，沒想到陳氏兄弟存心賴帳不說，許先萬還動手打了她姐姐，他一時氣憤填膺，才拔槍射殺了他們。

黃夫人這時眼看「大勢」已去，只好招認自己是因為手足情深，為了蔡家不致斷後，才出面自首頂罪。

致此，名醫夫人殺人案，總算全案大白，偵結終了。楊日松博士認為，黃夫人雖然手足情深，一片好心，願意犧牲自己換得胞弟的自由，但是這種「頂罪」的行為卻不可取。正義是不容許姑息、不容許「以假換真」的，人做錯了事，就要自己負責。法醫的職責，不但是要驗出死者的死亡狀況，也要「驗」出事實的真相，洗冤者之冤，還清白者清白。他希望黃夫人能與丈夫、孩子一家團聚，從此過著幸福快樂的日子。

事後，季麟慶、仲建國、曾燁塘三位法醫，和一些刑事人員，私底下請問老師楊日松教授，如何判定「迅速槍擊」？楊博士回答，人對光的反應速度是 0.15—0.23 秒，對聲音的反應速度是 0.12—0.16 秒。而人的移動速度一秒為 10m，所以，同時要制服三個人，需在 0.27 秒內完成，。

原來楊博士是根據「腦手生理實驗學理」，來判斷三位死者是被「迅速槍擊」致死。

第十七章

報告班長

——心中有苦，向誰傾訴？

楊日松結束了一日的繁忙回到家裡。

他剛剛解剖完「葉子賢」的屍體，馬上又給媒體重重包圍，問了一堆問題。他對於記者的發問均以沉默回答之，因為他知道他自己在社會大眾心目中的發言地位，他必須比政府發言人更小心的面對詢問，回到家中，他卻思潮洶湧，了無睡意。

一路從「葉子賢」的驗屍現場回來，他腦子裡揮之不去的，是軍方相關人員的尷尬的臉孔。原先，軍方是準備在他驗完屍，提出報告後，立即召開記者會，宣佈驗屍結果的。但是，他的一句話卻使得記者會開不成；甚至，也讓軍方的人員大失顏面。

「葉子賢是先被車子撞死、輾過，再遭到棄屍的。」驗完屍後，他向在場的大家這樣宣佈。

這句話一說出，全場一片嘩然。

葉子賢的死，軍方的驗屍報告說是跳樓自殺的。為什麼到了他的手裡就變成這麼複雜的他殺？兩者之間，到底誰是誰非？誰的檢驗出了差錯？

以他長久以來所建立的聲譽與公信力，和軍中一向的「黑箱作業」，大家都選擇相信了他。

當然，做出這樣的結論，他不是無的放矢，他是有根據的。如果葉子賢是從高樓跳

下，摔斷的骨頭應該還是平行的，但是葉子賢的骨折卻是向內凹；向內凹的骨折，表示是遭到例如車輛之類的凸起物快速撞擊形成。由於葉子賢的斷腿所在，剛好是汽車保險桿的高度，於是他斷定，葉子賢是遭到時速約八十公里的汽車撞擊。而葉子賢屍體後腦的瘀痕，則是被撞後，身子彈跳起來，撞到車子的引擎蓋所致。

所以斷定被車子輾過，一來是因為葉子賢的背上有車輪印；二來是因為葉子賢胸前有一段約四、五公分長的瘀血，肝臟迫進胸腔，腹腔也有擠破的痕跡。這一切都是被「擠壓」的結果。被「擠壓」顯示出來的內臟傷痕，與從高處掉下的內傷，是不一樣的。

至於為什麼斷定葉子賢是先被撞，再被輾，他則是以傷口血液的凝結情形來判斷。凝結早的，便是先受的傷；相對的，凝結慢的，便是後受的傷。

還有，他發現葉子賢手腕上有勒痕；而這個勒痕，跟身體的擠壓一樣，都是死後才造成。而且，按理說，葉子賢如果是跳樓致死的，現場應該有大量的血跡才對而葉子賢卻僅在鼻部滲出一些血水。這一切的一切顯示出，發現葉子賢屍體的工地，並不是第一現場；葉子賢是在某處被撞死之後，才移屍工地的高樓頂，從上面丟下來。

他把一切都講解得那麼清楚詳盡，任誰也無從辯駁；軍方的人也不例外。

把一宗「撞車棄屍」案，驗成「跳樓自殺」，軍方自然是尷尬萬分。尤其在新聞媒

體、民眾家屬的睽睽眾目之下，更是灰頭土臉。

他何嘗願意給軍方這樣的難堪？他心裡萬分希望就如他們所驗，葉子賢真的是跳樓自殺的。軍方的法醫裡，有他的學生；有他學生的學生，他多希望他們有朝一日也能闖出名號，深獲百姓的肯定和信賴？

然而，殘酷的事實就擺在眼前，他不得不說出實話。他總不能昧著良心，為了「自己人」，而出賣真相吧！這樣做的話，叫他怎麼面對哀哀啼哭的受害家屬？叫他怎麼對得起冤屈而死的被害人？

最重要的，如果他都守不住正義的最後防線，公理何在？

也許他的「誠實」，會招人埋怨；也許他的公正無私，會得罪一些人。但，公理仍然是公理，就如他常說的，他行事公正磊落，沒有任何的負擔。

葉子賢案並不是第一宗軍方誤判的烏龍命案。事實上，軍方類似這種「自殺」的案件，層出不窮。早在五、六年前，就已發生了一起郭詩宗「舉槍自殺」案。軍人郭詩宗，在營區身中五槍斃命。他發現，除了貫穿喉部、頭頂那一槍，有自殺可能外；另外射中胸部的兩槍，和射在頭部的兩槍，都不符合自殺的方式。而軍方卻以「自殺」結案。

就在前一陣子，海軍陸戰隊的士兵謝坤倉，死在陸軍八〇二醫院。海軍方面的報告

是，謝坤倉企圖逃兵，越牆時不慎頭部撞到地面，腦部受到巨創而死。因為謝坤倉身上還有十八處傷痕，家屬對這樣的死因認定感到懷疑，於是特別請他出面，南下為謝坤倉再次驗屍。

經過解剖，仔細檢查過謝坤倉的傷痕後，他一口否定了軍方報告所提「謝坤倉翻牆跌死」的說法。因為如果是跌死，傷口會是凹凸不平；而謝坤倉的傷口，呈現的是條狀。他驗出謝坤倉的頭部有五處棍傷，前頭一處、側頭一處、後頭則有三處。這五棍，「棍棍造成腦出血」。

「謝坤倉是被活活打死的。」他斬釘截鐵的宣佈。

由於這些年來，國內的民主的發展，已到達某種水平。有了民主，對人權也就會有相對的需求。很多事，不再是隨便說說，百姓就願意無條件保持沉默。也就是說，百姓已敢於挖掘真相了。謝坤倉的命案發生後，社會上已睜起無數隻亮眼，看著事件的發展。他的這句話一出，馬上像火山爆發一樣，把社會跟軍方炸得火石紛飛，煙霧迷漫。一些軍方管教上的弊端，一骨腦浮出台面，許多在服役時吃過苦頭，敢怒不敢言的人，都站出來說話了。

比如郭詩宗的屈死案，便在沉寂了多年之後，硬被立委揪出來窮追猛打。

一波未平，一波又起。他才為謝坤倉的死，昭雪沉冤，馬上又被另一個被害人黃國章的母親「攔轎喊冤」。

據軍方的說法，水兵黃國章是死於「意外落水」。黃國章的母親懷疑其真實性，拿著黃國章屍體的照片，跪地請求他為她主持公道。

那些照片他其實已經看過了，他確定黃國章鼻下那根東西是鋼釘，頭頂上的三角形，也是插進去的。

接著，他又到了高雄為李正中驗屍。

經他檢驗的結果，李正中的肺部吸入海砂，腹部凸出，確為生前落水死亡。但他的兩耳後面，各有一處被重擊的新傷，值得懷疑。

軍方對那兩處新傷的說法是「跌倒時造成」。

跌倒的傷口，跟撞到岩壁的傷口，該是怎樣，他如何看不出？

他要求查看李正中落水時所穿的衣物，軍方卻回答已全部丟棄。

對於如此重要的物證，竟然遽爾丟失，為什麼？他不願想，也不敢想。

軍中的人權何在？同樣的，他不願想；也不敢想。

接連「轟動」的死了幾個阿兵哥，軍中不當管教問題，一時之間，沸沸揚揚的被討

論開來。其實，並不是現在才有軍中人權問題；一直以來，軍中「意外死亡」、「自殺」的事件何其多，只是「昔非今比」，當初完全沒有置疑的餘地，一切軍方說了算！於是乎，多少真相被掩埋？多少人命被草菅？誰家的兒子入了伍，就彷如攀在懸崖峭壁上，能不能全身而退，安然上岸，就只有多唸阿彌陀佛，求神保佑了。

當然，軍中非比一般機構，軍人唯一的天職就是服從。但是，法律不外人情，難道就沒更好的方式讓阿兵哥聽話？打罵出來的服從，就真的是軍中需要的服從？愛國的心真的是這樣「培養」出來的嗎？

誰無子女？誰家兒子不用當兵？我們自己的兒女去到別的地方，無不希望別人能多加照顧？為什麼有些人就是不能將心比心，善待別人的兒女？人家將一個活生生的、好不容易養大的心肝寶貝，送入那裡去「愛國」，去「盡應盡的義務」，你卻不能還人家個生龍活虎，而是讓他死得不明不白；試問，情何以堪？叫人家如何能甘心？

楊青天！

在平反了這麼多的軍中冤屈之後，他意外的變成了百姓心目中的楊青天。一時之間，所有的焦距又對準他，所有的麥克風又向他遞過來。

這世上沒有人不喜歡榮耀；沒有人不喜歡功成名就。他也不例外。但是，他極不願

自己的功名是成就在這樁樁的冤案上。他寧願他永遠默默無聞，他寧願自己「閒著沒事幹」。這些軍中的冤案，成就了他的名，卻也墜了別的同行的譽，這是他萬分不願看到的。

真的，他無意與其他的辦案人員或同為法醫工作者持不同的意見，把光環全集中在他一個人的身上，他感覺自己得到的不是榮耀，而是一種壓力。每平反一個冤案，多披一層榮耀的外衣，他的壓力就重一分。因為，如果個人的權威過於建立那麼地方法醫的制度勢將逐漸形同虛設。

不是嗎？看看眼前就好了，民間每當有爭議性的命案，都會指名要他去驗屍。就算別的法醫已正確的驗出死因，卻也絲毫沒有信心的要他看過，才敢說「我的看法跟楊博士一樣」。而老百姓也只相信他，沒有他的點頭，一切都不算數，彷彿他「一言可以興邦，一言可以喪國。」

「一言興邦，一言喪國。」這是多麼沉的重責大任？

正因為這樣，他每點一個頭，都必須十分小心；每說一句話，非要千萬慎重不可。這種無形的壓力，曾經逼使他做退休的打算。但是他三度請辭，三度被挽留。原因無他，是「大家都少不了他」。

他最擔心的是接班問題。

並不是說法醫界除了他，就沒有良好的法醫，事實上，有一些法醫也是蠻優秀的，但是社會並沒有給他們太多的機會；社會老喜歡把目光投在他一個人的身上。這不是好現象，將來有一天他走了，難道法醫這門行業，也要隨著從此消失？

當然不！這社會不會因為一個法醫的不在，而停止犯罪。有犯罪的地方，就要有法醫。

法醫是個神聖的工作，但除了他以外都得不到社會大眾的注意與尊重，似乎全世界只有楊日松一位能扭轉乾坤的青天，社會大眾只相信楊日松的判決，可以想像他的壓力有多大。

我們的社會應該相信所有法醫工作者的能力，與專業知識，他們放棄受人尊敬的醫師職銜，而犧牲投入他人所避之不及且終日與屍體為伍的法醫工作，社會大眾應該給予他們鼓勵與支持，這才是他所希望的，也是他長期努力培育法醫人才的願望。

讓後繼有人吧！他打心底吶喊；楊日松是個平凡人，他也需要含飴弄孫，他也需要享享清福。

如果他單槍匹馬，又怎能兼顧天下之不平？

第十八章

逆子弒父

——親情放兩旁，道義擺中間

甯文光眼中噴著憤怒的火，跟眼前的父親對峙著。

他真不知道該怎樣跟父親溝通。他低聲下氣，好話說盡，可父親就是不肯答應把錢拿出來借給他的朋友鄭志中。父親又不是沒錢，他開設的「生生整容院」生意那麼好，借這區區的二十一萬元，對他來說，僅僅是九牛一毛，搞不懂為什麼他就是不肯借。

「不借！」當他開口向父親借錢時，父親幾乎是一口就否決了他的請求。

「那我答應了人家怎麼辦？」甯文光儘量克制自己的不滿情緒，壓低嗓門。他知道是自己在求人，態度硬了，準沒好結果。

「你答應，我可沒答應，誰答應誰自己負責。」父親的口氣卻很堅硬。

「可是你明明知道我沒錢！」甯文光忍不住叫了起來。父親一個禮拜才給他一千五百元零用錢，自己用都還不夠，哪來二十一萬元借給人家？父親這明明是在消遣他嘛！

「沒錢還敢自做主張?!自己做了主張，就要自己負責。」父親怒目以待。

「你為什麼就不肯給我一點面子？借不到錢，叫我怎麼跟朋友交待？」甯文光急得怪叫起來。

鄭志中是他在當兵時認識的朋友，跟他很要好。好朋友就要同甘共苦，就要福禍與共，他現在手頭緊，向他借點錢應應急，他理該大力幫忙才對。如果父親堅持不借，那

他豈不失信於他？

「怎麼交待？那是你的事，誰叫你慷他人之慨，隨便答應人家？」父親愈說愈生氣，指著他鼻子罵：「你以為我是什麼？開銀行的啊？動不動就回來借錢?!」

「你又不是沒錢，幹嘛這麼小氣？」甯文光氣呼呼的叫著。

「有沒有錢是我家的事，為什麼有錢就一定要借給人家？」

「為什麼你不站在我的立場，為我想一想？」

「你就替我想過了嗎？我養你這麼大，你就只會幫外人來算計老爸！」

「爸．．．．。」

「別說了，我是無論如何都不會答應的。」父親口氣堅決，似乎沒有轉圜的餘地。

甯文光心中的一把火，逐漸上來了。父親就是這樣，從來就只知道堅持己見，一切他說了算，毫不考慮他的立場。他已經跟鄭志中保證過，一定把二十一萬借給他，現在他碰了這麼大的硬釘子，叫他面子往哪裡擺？

如果母親在就好了，母親在，他就不用跟父親這樣當面鑼、對面鼓的吵。他可以直接向母親借，母親疼他，寵他，一定會幫他這個忙的。可惜母親去美國旅行，要過一陣子才能回來，他這個事又迫在眉睫，不能等。

「我到底是不是你親生的兒子？為什麼你眼裡從來就沒有我？」甯文光氣起來，開始口不擇言。

「什麼叫眼中沒有你？我供你吃、供你住、供你唸書，哪一點虧待你了？」。父親一聽他的話，暴跳起來。

「養條狗你也會供牠吃、供牠住、給牠受訓練，在你眼裡，我的地位根本就像一條狗。」

「你‧‧‧‧你竟然這樣說話?!我看你簡直連豬狗都不如。」父親氣起來，也口不擇言，「豬養大了可以賣；狗養大了可以看家，你呢？你除了吃喝玩樂、交壞朋友打老爸的主意外，你還會什麼？」

甯文光眼中噴出火來。豬狗不如?!父親為什麼要這樣侮辱他？他只是跟他借錢而已，為什麼他要做這樣子的人身攻擊？

甯文光憤怒的瞪著眼前一向就不親近的父親，父親也不甘示弱的回瞪著他。就這樣，父子倆相互對峙著，目不轉瞬。

「這樣瞪著我幹什麼？難道我說錯了？」對峙了好半晌，父親終於忍不住，開了口。「鄭志中根本不是個東西，嗜賭如命，不務正業，沒錢就找你要。你想想，自從認識

他以來，他從你這裡拿了多少東西？你的金飾沒了，手錶沒了，現金沒了，全給他當了賭本。」父親憤憤的吼著：「你是眼睛讓狗屎糊了？還是喝了他的迷魂湯？怎麼就不會好好想一想？難道要等老爸這間整容院都變成他的賭本了，你才會清醒？」

「不借就不借，說這麼多幹什麼？」甯文光火大的叫。

「好，不說，本來我就不準備跟你多說。」父親說著，轉身往房間走去。邊走邊氣猶不平的恨聲嘀咕：「神經病，三更半夜跑來幫別人借錢。」

進了房間，父親又轉進房裡的浴室上廁所。「今天的談話到此為止，借錢的事，以後就免開尊口，你省口水，我省耳朵。」聲音從廁所裡傳出來。

甯文光心中一動，要從父親手裡借到錢，擺明了是萬萬不可能的事，何不趁父親上廁所的時候，來個先斬後奏，拿了再說？

心念閃過，甯文光毫不考慮的馬上採取行動，飛快的闖進父親房內，打開鐵櫃，取出一疊鈔票，和手錶一只，轉身便要離開。但是一轉身，他就撞在一個人身上。這個人正是父親，他的動作還是不夠快，還是讓父親逮個正著。

「混帳東西！竟敢擅自拿我的東西！」父親劈頭便打來。

甯文光閃身躲過，父親因為用力過猛，踉蹌一下，差點跌倒。父親更氣了，指著他

的鼻子大罵：「你這個不肖子，你眼裡就只有朋友，沒有父親了嗎？」

「我跟你好話說盡，你還是不肯，是你逼我這樣做的。」甯文光蹲著馬步，盯著父親的一舉一動，隨時準備閃躲他的攻勢。

「放下！你給我把東西放下！不然我要報警處理了。」父親堵在門口，不讓他有機會逃脫。

「不放！我就是不放！」甯文光大叫著。

「你?!．．．．好，老子就跟你拚了！」父親衝上來要抓他。

甯文光一個錯身，父親只拉到他衣襬。甯文光拚命往外跑，父親捨命拉住他的衣襬不放，被他拖著走了幾步。

忽然，父親逮到一個機會，猛力一拽，把甯文光拽倒在地，優劣態勢立即轉變，甯文光反而被父親拖著往浴室去。

「好，既然你對我不孝，就別怪我無情。我這就報警，請警察來處理好了。」父親說著，把甯文光推著往浴室塞，試圖把他關在浴室。

甯文光一凜，報警？怎麼可以？不知從哪裡生出一股力量，他猛一揮手，朝父親臉部擊去。父親應聲倒地，頭部「碰」的撞在地面上，就此一動也不動。

甯文光一口氣還沒喘過，瘋狂的又撲上去，緊緊扼住父親的脖子。閉嘴！你給我閉嘴！想報警？門都沒有！

⋯⋯⋯⋯。

＊＊＊＊　　＊＊＊＊　　＊＊＊＊

清晨四點多，龍山分局的輪值警員突然接獲一通奇怪電話，說「生生整容院」有人病倒在床，情況十分危急。掛掉電話，警方馬上趕到現場救人。

來到現場，警方發現所謂的「病人」，其實已經氣絕多時。「病人」靜靜的躺在床上，床鋪、被褥十分整齊，沒有什麼異狀。倒是房內的鐵櫃開著，浴室盥洗台的鏡子破裂，有點不尋常。

檢查官及專案小組認為案情絕不單純，立即封鎖現場，並請刑事警察局的楊日松博士重新做現場複驗，和屍體解剖。

根據楊日松博士複驗解剖的結果，發現「病人」的頭部有碰撞痕跡，引起腦出血現象。另外，頸部也有扼痕，顯示曾遭人緊掐。總而言之，死者的死因並非是單純的「病

死」或「中風」，而是「腦出血」併合「窒息」死亡。也就是說，死者是死於「他殺」！

接著，楊日松博士又在現場發現幾個疑點：

1、死者「安靜」躺在床上，房間完好無異狀，懷疑是故佈疑陣，並非第一現場。

2、浴室玻璃破裂，地上有血跡，一片凌亂，懷疑是事故發生的第一現場。

3、死者的鞋子，一只在室內，一只在室外，有被推入或反拖入情形。

4、房間鐵櫃已開，但無破壞痕跡，應該是熟人所為。

5、進入房間均需經過醫院密門，外人並不知道，無法進入。

6、綜觀以上，懷疑是內賊所為，建議從親屬家人查起。

經過楊博士的抽絲剝繭，偵查範圍一下縮小許多，偵辦人員莫不士氣大振，立即從醫院內部開始清查。結果發現死者房間只有三個人可進出，一是死者本身；二是死者妻子；三是死者兒子。死者妻子案發時，人仍在美國，唯一剩下的就是死者兒子甯文光了。而經查，自從案發後，甯文光便失去蹤影，已經很久沒有回家了。

至此，兇手已是呼之欲出了。警方迅速佈線四處緝捕，然而，甯文光就像斷了線的風箏，絲毫沒有蹤影。

楊日松博士得知此事，便建議警方以「退嬰化現象」（註）到疼愛甯文光的親人家中尋捕。結果，果真在甯家一位親人家中捕獲了甯文光。

甯文光被捕後，知道狡賴不得，只好俯首認罪，並把犯案經過一五一十的合盤托出。甯文光說，他跟父親一向就處不好，父親對他管教十分嚴厲，對他往往不假辭色，讓他很反感。案發那天，父親又用同樣態度對他，他在氣憤之餘，失手打倒了他。又在失去理智的情況下，扼住了父親的脖子。

他說，他緊緊掐住父親的脖子，直至精疲力盡了，才放開手。父親一動不動的躺在地上，他知道自己闖禍了，便思忖著如何脫罪。他先將死了的父親扶起，一路拖到臥床上，然後將他的衣服脫下，佯裝成正在睡覺的樣子。接著，又把床鋪略加整理，直到現場看起來沒有破綻，才離開現場。

民國六十八年十月十八日，台北地檢處謝文定檢查官，依殘害直系血親尊親屬罪，將甯文光提起公訴。謝文定檢查官在起訴中提到，兇犯甯文光交友不慎，需索不遂，遽爾扼殺生父，梟獍其心，大悖倫常，惡性極為重大，應請從重科處，以抑殺風，並正倫常。

至此，「名醫被殺偽裝病死」命案，全案宣告落幕。

註：「退嬰化現象」是指一個人在遭受重大挫折，或犯了嚴重過錯時，下意識的會跑去疼愛自己的親人處，找尋心理、精神上的依靠。就如同嬰孩受到了委屈，本能的會躲入母親的懷裡一般。

第十九章

燐光乍現

——誤入重地，鬼火追！追！追！

博士的助手曾燁塘先生正為社長羅慶旭先生解釋如何從骷髏頭中分辨男女

在天時、地利配合之下，骷髏頭會散發出燐光，即俗稱的鬼火

一般民間對「鬼火」這回事，有諸多的傳說。說者繪聲繪影，鬼影幢幢；聽者心驚膽顫，毛骨悚然。但到底有沒有「鬼火」這個東西呢？相信大部份的人都抱著半信半疑的態度，不敢說有，因為沒親眼看過；不敢說沒有，因為不能太「鐵齒」。太多因為太「鐵齒」，而「惹鬼上身」的傳說了。

筆者小時候住在很鄉下的一個山村裡頭，在那個山村裡，曾經發生過一件很玄奇的關於「鬼火」的真實故事。

鄉下的村莊，房子的厝落方式並不像城鎮那樣子的聚集。東一家；西一家，有築蘆在山腰上的；有建屋在山坡下的，或溪水邊、田中央；或竹林裡、果園側，有的甚至分居山前、山後。總之每個家戶都不是緊緊相連，最近的「鄰居」，也要走上好幾分鐘才能到達。

農家人嘛！白天做完農事，到了夜晚，沒什麼娛樂（那時候還沒有電視），便喜歡去「同年」（客家人對好朋友的暱稱）家串門子聊天。其中有兩家人，都姓徐，一個住在山的這邊；一個住在山的背邊。平常他們就很要好，時常趁著夜晚，你來我往的互訪。

這天，住在山前的徐大叔，吃完飯，洗完澡，就坐在家裡等住在山背的徐二叔過來

串門子聊天。左等右等，等了好久，過了平常徐二叔該到的時間，還不見他來。心想，今天他大概不會來了，你不來，就我去。反正也不怕在路上錯過，因為來往之間就那麼一段路。於是拿了手電筒，便沿著山路，鑽入竹園，向著山背的徐二叔家走去。

走完竹園，剛上到坡頂，徐大叔突然聽到窸窸窣窣一陣腳步聲，響在前面不遠的地方。抬眼望去，一盞小小的綠光從那邊向著這邊移來。徐大叔心裡好笑，還以為徐老二真不來呢！看，還是熬不住了吧！幸好路就這麼一條，不然還真在路上錯過了呢！

徐大叔突然童心大發，心想嚇他一嚇，不知道他的反應會怎樣？想到這裡，便立即熄了手中的手電筒，躲在一顆大石頭後面等著。

那盞小綠光一步一步的逐漸向著徐大叔藏身處接近。等到近在眼前了，徐大叔突然「哇！」的一吼，從石頭後面跳將出來。「ㄍㄧ」的一聲慘叫，那盞小綠火堂堂摔在地上，團團的從山坡上直滾而下。

徐大叔愣在當場。倒不是真以為徐老二滾下山去了，而是他發現被他嚇到的，只是團綠光，根本沒個形體。而且那聲慘叫，真不知該怎樣去形容。刺耳、驚心，根本不像是從人類的口中發出來的，叫人打腳底麻到頭皮。而且，他可以肯定，這是由一個「小」的非人類發出來的。

媽喲！他剛才嚇倒了一個「小鬼」！徐大叔渾身打了個大哆嗦。

且說那團綠火，從山上直滾山下，一直滾到了山底，方才止住。徐大叔本還心存觀望，想看看那團綠火怎麼樣了？但是，放眼看去，他嚇了一大跳。山坡下，從四面八方出現一盞盞的大大小小的綠火，大約有十幾盞，嘰嘰啾啾齊向那團滾下去的小綠火快速湧去，圍在小綠火旁邊。頓時之間，坡下鬼聲嘰啾，一片吵雜。這一片吵雜聽起來有哭聲、告狀聲、咒罵聲。給人一種很明確的感覺，就像是那個被嚇倒、跌疼的小鬼，在哭、在向趕來的大鬼小鬼告狀，然後那些大鬼小鬼氣憤填胸的同聲譴責山頭惡作劇的那個誰。

接著更可怕的事發生了，這大大小小的十幾把綠火，突然嘰嘰啾啾的同時疾快的向山頭飛來，看上去，就像是十幾個拿著火把的人，向山頭疾奔而來。徐大叔嚇得腿都軟了，他知道，這些鬼火是向他尋仇來的。

腿軟也要跑，總不能留在這裡「聽鬼由命」！徐大叔勉強拖著發軟的腿，返身就跑。一路撞撞跌跌，恨不得爹娘多生兩條腿。

嘰啾聲愈來愈近，換句話說，那群鬼愈追愈近。徐大叔心中暗暗叫苦，再這樣下去，還沒回到家準被追上，那可怎麼辦？

嘰啾聲、追趕聲終於近在身後了。徐大叔心想這真是天降橫禍，冤哉枉也，他只是一時興起，想跟老朋友開個玩笑，居然開到鬼的身上來，這下如果被這群鬼逮著，他們會用什麼方法來整他？

就在千鈞一髮之際，徐大叔發現已跑到了本村的土地廟旁了。徐大叔靈機一動，飛步衝入土地廟裡，鑽進供桌下躲了起來。

他親耳聽著，那些追他的腳步聲，停在土地廟外，沒敢進來。雖然沒敢進來，但他們的嘴裡可不曾閒著：

「x！躲在那裡就行了！」

「xx！有種就給我出來！」

「xxx！男子漢大丈夫敢做就要敢當！」

「xxxx！孬種！」

……等的一字經、二字經、三字經、五字經，反正人類有的國罵粗話，全都出籠。

徐大叔偷偷掀起桌巾向外瞧去，乖乖隆底咚！整個土地廟外圍被一把把的綠火團團包圍住，這團團綠火下，隱隱透著一條條鬼影，有老有少；有男有女，看起來就像是一

整個大家族親友，傾巢而出。其中一個「小鬼」，還抽抽噎噎的一把鼻涕，一把眼淚。

平常要是「人」家這樣滿口粗話的罵他，徐大叔一定會跑出來跟「人」家拚命，但今天他可是寧願當「敢做不敢當」的孬種。誰說大丈夫一定要敢做敢當？「知進退」也是大丈夫啊！

徐大叔鐵了心不出去，廟外的眾鬼也拿他沒有辦法，只能你一句我一句的「鬼罵連篇」。直至遠處的天光隱露，雞鳴起早，這些大大小小的鬼家族，才莫可奈何的一一離去。

徐大叔一直等到天放大亮，有早起的農夫出門看田水了，才敢離開土地公廟。回去後，狠狠的生了一場大病，久久不敢在晚上出門，免得被「他們」逮個正著。

用科學的角度來看，鬼火其實就是「燐光」，人的骨頭裡頭含有燐的成份，燐質遇到空氣燃燒，或在某種光源照射下，就會產生一種青色的微光，這種微光，就是我們所謂的「鬼火」。

由此說來，墳地—尤其是常有曝屍在外的亂葬崗，是最容易發生「燐光片片」、「萬家燈火」的地方了。想像一下那種「霓虹閃爍」、「鬼聲鼎沸」的情景，也難怪有人將「那種地方」稱之為「夜總會」了。

不過，鬼火並不是「夜總會」的專利，位在台北市鬧區的刑事警察局法醫室，就曾有「燐光」出現過。聽博士說，刑事局某位主管，在一次夜間的例行查勤時，就曾被法醫室的燐光嚇昏過。

情形是這樣的。那晚，這位主管照例在一定的時間裡，在局裡上上下下、裡裡外外，做夜間的查勤工作。按例，他來到了法醫室。在法醫室裡，除了放了許多人體標本之外，還有幾顆骷髏頭，整齊排列在另一個角落的架上。當這位主管打開法醫室的門，一開燈，突見骷髏頭上一縷碧綠的燐光，向他撲來。他嚇一大跳，轉身就跑。

可是燐火並沒有因為他的跑，就「放過」他，照樣追著他跑出了法醫室。跑沒幾步，這位主管就被「燐火」追上了，附著在他的身上。這位主管嚇得一佛出世，二佛昇天，手忙腳亂的拚命去拍身上的燐火。但是燐火彷彿橡皮膠似的，緊緊黏在他的身上，怎麼拍也拍不掉。

可憐的主管，一個人「孤軍奮戰」，跟燐火做著一場「生死」之鬥。整棟大樓黑影幢幢，連個可以支援的「人」也沒有。最後，這位主管終於「彈盡糧絕」，驚嚇過度的倒地昏厥過去。後來，在樓上等著他吃宵夜的同事，左等右等，不見他回來，下樓去尋找，才在走廊的地上，找到不知已昏厥多久的他。

楊日松博士說，法醫室的確會有燐光出現，不過那要在「天時」、「地利」、「人和」的情況下，才會產生。

楊日松博士進一步解釋說，如果濕氣重到某一個程度，而當時的氣溫又在30℃以上的話，驟然的開啟室內的日光燈，就會在骷髏頭上產生燐光。如果再加上來者身上帶有靜（陰）電，那燐光會立即被來者吸收，看上去就像是燐光突如其來的向來者飛撲而來一般。膽小的人（或者該說是沒此項知識的人），一定會被嚇得魂飛魄散，以為是「鬼」來了。

刑事局那位主管當晚所遇到的情形，應該就是這種情況下產生的。

另外，如果天氣的濕氣不夠，只要在骷髏頭上洒一點水，也可以產生同樣效果的濕度，「製造」出燐火來。

「燐火撲身」尤其容易發生在「女人」和身穿「尼龍」衣裳的人的身上。因為女人身上帶著「陰電」，尼龍容易產生「靜電」，這些陰電靜電的，最容易吸收燐光了。

所以，奉勸各位，如果有必要非接觸到骨骸這種東西，或必須經過墓地等的地方時，應儘量避免穿著「尼龍」之類的衣物，免得你的「人和」剛好配上天時、地利，產生了燐火，讓燐火追著跑，豈不是「自己嚇自己」？自己把自己嚇死了，把責任推到「鬼

」的身上，讓鬼揹上「黑鍋」，也不是很公平的。

在日本，也有很多有關「鬼火」的傳說。不過日本人喜歡把鬼火「美化」，他們把鬼火認為是一種「親切」、「友好」的象徵，比如一個人如果即將面臨死亡的時候，靈魂便會化為一把鬼火，去向遠方的好友、親人告別。

聽起來，似乎是日本人的鬼火可愛、有人情味多了。不過話說回來，像前述徐大叔碰到的「鬼火」的故事，其實也是恐怖中帶著可愛的人性。那「小鬼」跟人一樣膽小，也會被嚇倒；那鬼的大家族也是跟人一樣，那麼的疼惜自己的小孩，自家的小孩受到了委屈，或被人家欺負，拚了命也要為小孩討回公道。

想想，世間萬物都一樣，只要具有「人性」——不管人性的短、或長，都是美的。美美的醜，美美的恐怖。

第二十章

糖衣奪命丸

——兒童連續毒殺案

陳罔腰望著對面阿蘭的房子，瞪著眼，豎著耳，專注的注意著圍在一起聊天的幾個左右街坊鄰居。

他們在笑什麼？

他們這樣交頭接耳，眼睛不時的向她家瞟來，遮遮掩掩的在笑什麼？是在笑她嗎？是在笑她是個沒有「子宮」的人嗎？

伊娘的！這世界每天發生這麼多事；有人生，有人死；有婆媳吵架，有夫妻鬥嘴；有這個國家打那個國家，有這個明星跟那個明星談戀愛，他們為什麼不去談，偏偏要談論她的「子宮」，她有沒有子宮關他們屁事？

還有，她們怎麼知道她沒有子宮？她開刀拿掉子宮的事，她自己從沒有洩露半句，怎麼會流傳出去？

哼！一定是對面阿蘭那個多嘴婆，這個包打聽最愛說三道四，論人是非了。什麼事只要有一點風吹草動，她就「草木皆兵」，加油添醋，非說得天上掉下金子，她才肯罷休。

對！一定是阿蘭，不然他們有什麼好笑的？這個小鎮，平靜得放個屁都聽得見，除了她拿掉子宮的事，根本沒什麼好談的。

又是一串笑，這次比剛才還要大聲，還要放肆。

可惡！簡直欺人太甚！怎麼可以這樣取笑她？子宮是女人最重要的象徵，不到萬不得已，誰願意拿掉？誰願意讓自己肚子空出一塊地方來？誰願意身上少了一個零件？哼！死阿蘭，瞧妳笑得那副得意勁，有子宮有什麼了不起？我也曾經有過啊！搞不好哪天妳也患了癌症，也拿掉子宮，那時妳才知道做個沒有子宮的女人，有多痛苦。

癌症。她為了癌症，把子宮拿掉。

沒有了子宮，是不是就不是「完整的女人」了？

丈夫會不會因為她「不完整」了，就變心，就找另外的女人？找像阿蘭這樣有子宮的女人？

如果會，那怎麼辦？

老天爺，為什麼讓她罹患癌症？為什麼讓她做沒有子宮的女人？為什麼不是對面的阿蘭？為什麼不是街上任何一個女人，而偏偏是她？她到底哪裡做錯了，要這樣懲罰她？

有人說，拿掉子宮的女人，由於心理不平衡，會性情大變，有的甚至會得「精神妄想症」。哪會？她性情就沒變，她仍然好好的，變的是別人，是大家。大家突然都變得

好奇怪，都拿異樣眼光看她，好像她突然成了外太空來的怪物。患「精神妄想症」的人是大家，不是她。

三三兩兩的孩子，說說笑笑的打她的門前經過去上學，看看！看看！她們笑得多曖昧？雖然表面上看起來，她們談論的話題跟她無關，但誰不知道這是她們的「障耳法」？她們其實也是在談她，談她的癌症，談她拿掉子宮，談她是個沒有子宮的女人。這世界到底怎麼了？怎麼連小孩子都得了「精神妄想症」？太可怕了！

打她從醫院回來開始，她的侄子薛武得也變了，看她的神情總帶點什麼。不用說，當然這也是「精神妄想症」的特徵。

不得了，這麼多人患了「精神妄想症」，像她這種好人怎麼生存？不行，她不能讓世道再這樣下去，她要替天行道，她要斬妖除魔。

那她要怎麼替天行道、斬妖除魔呢？

她想了想，慢慢露出笑容來。

她家裡有很多「東西」，那些「東西」叫什麼名字，她講不出來，反正那是一些藥物，本來她是用來毒魚的，魚一吃到那些藥物都會死翹翹。

如果把那些毒魚的東西拿給人吃，人會怎樣？

她突然全身感到無比亢奮，亢奮得有點抽搐。

你們不是很愛笑、很愛講嗎？那就讓你們嚐嚐笑不出來、說不出口的滋味！

＊＊＊＊　　＊＊＊＊　　＊＊＊＊

屏東縣警局的專案人員急得滿頭大汗。天啊！這究竟是怎麼回事？

一個！

二個！

三個！

…………。

從何沛同到林佩雲，短短的一個月內，屏東枋寮春日地區，一連串死了六個國小、國中的學童；林佩雲的弟弟林亦棋，則在鬼門關轉了一圈，被救了回來。

每個學童死亡的共同特點，都是突然呼吸困難、痙攣、休克、昏倒死亡。

起先，有人謠傳，說是某廟壇的神明指示，將會流行一種兒童瘟疫，會有許多兒童生怪病死亡。在科學辦案的今天，這種說法他們當然不能採信。

既然不是瘟疫，那會不會是水質出了問題？

經過反應，衛生署深感事態嚴重，派了兩名流行病學專家南下調查。結果，證實水質並沒有問題。

又不是飲水出了問題，那會是為什麼呢？

解剖死亡學童王素卿屍體的醫師說，王素卿的呼吸道並沒有異物堵塞，也沒有先天心臟病，腎臟倒有瘀血現象。得取死者內臟做進一步的化驗，才能判斷死者真正死因。

上天保佑，那就讓化驗結果快點出來吧！有了化驗結果，他們才能正確的擬定偵查方向，案子才能早點偵破。誰能保證，在化驗沒有出來、案子沒破之前，還會不會有另一名學童暴斃死亡？這回，他們可是在跟時間賽跑啊！

好容易，台大醫院神經科主任陳榮基的研究報告出來了。陳榮基排除了王素卿感染「腦膜炎」的可能性。他說，死亡的腦膜炎，感染病程要三、五天，除了會有腦出血和發炎現象外，還會引起全身性皮膚出血。而王童並沒有這個現象。

陳榮基認為，這種怪病比較有可能是由抑制中樞神經的毒物引起；也就是說，王素卿有可能是「藥物中毒」。

「藥物中毒」?!

專案小組人員眉頭打結了；兒童是最「純真」的人類，不可能有什麼煩惱事會導致服毒自殺；更不可能一連串的自殺。

那麼是「他殺」了？

警方人員眉頭的結更深了。

「他殺」一般可分為仇殺、財殺、情殺等幾種。除了「純真」，兒童也是最「無害」的人類，應該不會跟人結仇這麼深，深到非要置他們於死地。「仇殺」這條線應該排除。再說「財殺」，兒童全都是在學學生，自己都沒有經濟能力，又怎麼會跟人有財務糾紛？這項也應該不可能。「情殺」更是荒誕了，年紀這麼小的學童，怎麼可能扯上感情問題？

排除了這三項「他殺」性質，還有什麼是他們沒有想到的？

會對這些「純真」又「無害」的孩子下手？他，或她，到底是怎麼樣的一個人？難道會是個神經病、變態不成？

謝天謝地，幸好還有一位林亦棋小弟弟，倖存未死。等他醒了，應該可以從他的嘴裡得到一些線索，他們就不相信兇手可以跑得掉；從來做壞事的兇手都沒能跑得掉，這是千古不變的法則。

＊＊＊＊　　＊＊＊＊　　＊＊＊＊

氰酸鉀！這些孩子都死於氰酸鉀。

化驗了警方從陳罔腰家中起出的一些藥物，又剖驗了兩個死亡學童之後，楊日松博士得到的是這樣一個結論。

林亦棋小弟弟醒來以後，說出了他發病前的四小時前，曾跟姊姊林佩雲一起吃了陳罔腰給的「避邪藥丸」。警方多方查證的結果，有八位證人也指認看到陳罔腰拿一種紅白相間的藥丸給小孩吃。警方立即趕到陳罔腰的家，搜出各式各樣的藥物，拿去化驗。

氰化物毒性強烈，急性的，十五分鐘內暴斃；次急性的，四個小時後猝死；微量的，十個小時左右致死。

林亦棋當時因為覺得藥丸難吃，臨時吐掉，意外的因此撿回一條命。而他的姊姊佩雲和其他小朋友就沒這麼幸運了，全都命喪陳罔腰之手。

據陳罔腰的供稱，在害死這些學童之前，她已毒死了鄰婦溫菊蘭，和她自己的侄子薛武得。

因為一個有「精神妄想症」的婦人，一連串的死了這麼多的兒童，楊日松心裡無限感慨。

這不幸的事件，不應在死了這麼多人命之後才打住；這悲劇應該可以早點阻止，甚或連發生都不該發生。這不幸的事件的發生，社會、學生家長、病婦家屬，都該負起責任。

首先，孩子們的父母應該隨時給自己的兒女嚴肅的警告，在外面千萬不要隨便接受陌生人的東西。陳婦的計謀會得逞，完全是因為孩子們沒有警覺心，接受了她的東西，甚至把它吃了。

第二，陳婦拿掉子宮以後，性情大變，產生了「精神妄想症」，家屬應該有所警惕，及早做防範。陳婦的妄想症會一發不可收拾，家屬的責任不可推諉。

第三，不幸事件剛發生，才死了一個學童時，檢察官率領法醫要解剖驗屍，家屬卻不肯，抱守著「全屍」的觀念，以致沒有及早查出死因，陸續又枉死了幾個人。社會瀰漫著這股「迷信」之風，難道不該負責？

事實上，諸如時辰、動棺時刻、方位、全屍……等的種種民間迷信、禁忌，往往造成法醫驗屍上的困擾，和警方偵查工作的困難。

在「迷信」和「救人」之間，我們是不是可以偶而不迷信一次？

第二十一章

義士不義，謀財害命

——富家公子枉斷魂

反共棄共，劫機來台，六義士名赫一時；義士不義，謀財害命，富家公子枉斷魂。

在楊博士數十年的法醫生涯中，經他驗過屍的案件裡，最特殊、最令人無限感觸的，可能要算是某醫院副院長的公子——王俊杰命案了。

所以說特殊，不是命案本身發生的過程特殊；比它曲折離奇的命案多的是。所以說無限感觸，也不是在楊博士驗屍時發現了什麼特別狀況，比它更難纏的屍他都驗過。而是這件命案的兇手，竟是當初我們全國百姓熱烈歡迎的劫機六義士裡的二義士——卓長仁、姜洪軍，加上另一位駕船偷渡投奔自由的反共義士施小寧。

民國七十二年，六義士劫機降落韓國時，引起全世界的震撼，台灣方面費盡了無數心血，強力交涉，總算在中共不斷的喊話阻撓，和韓國的猶豫不決中，把他們全都接運來台。

那時候，台灣對他們六位義士，十分的禮遇。除了每個人給予五百萬的獎金之外；還同時輔導他們購屋、就業與就學，讓他們在台灣求得了夢寐以求的安定、自由、衣食無缺的生活。當時他們幾個跟台灣的關係，可以用「新婚的蜜月期」來形容。

然而，在蜜月期過後，他們六個之間的二個，患了「七年之癢」，竟然幹下了「萬

惡的資本主義社會」都不是人人敢幹的事－謀財害命！六義士之首的卓長仁，夥同姜洪軍、施小寧，以土地買賣為由，把王俊杰誆到他淡水的住家，預備綁架勒贖不成，遽然將他殺害棄屍……。

民國八十年八月二十日下午三點二十分左右，桃園警分局埔子派出所接獲民眾報案，說桃園市中正路一二〇一號某大樓工地旁，停放著一輛可疑的白色轎車。那車子四、五天來不曾動過，傳來陣陣撲鼻的惡臭，許多蒼蠅在上面盤旋不去，車子行李廂下，還有一灘血水。

派出所警員據報，直覺有問題，立即通報刑事組人員，一同前往處理。當鎖匠把反鎖的車門打開，掀開行李廂時，赫然發現行李廂內，塞了一具用紅黑色的椅套布蓋著、已經開始浮腫生蛆的屍體。

警方依據車號，很快查出那輛白色愛快羅蜜歐的車主，是設籍台北市大安區辛亥路三段三號九樓之七的王俊杰所有。而當時，王俊杰已經失蹤多日，他的家人曾接獲勒贖五千萬元的電話，正在為他的安危感到焦急。

當王俊杰的父親趕到現場時，根據屍體上如金戒指、金錶等的種種物證，確定了死者正是他的兒子王俊杰。

王俊杰在八月十六日那天晚上，先到東湖女友劉品菁家中，逗留到晚上九點多鐘才離開。離開時，他告訴劉品菁他要到淡水去拿一份土地所有權狀的影印本，因為第二天他有一筆土地買賣的生意要談。就從那個晚上離去後，王俊杰就此失了蹤，再也沒任何消息。沒想到今天會被發現陳屍在此。

第二天早上，刑事警察局的鑑識人員再度到現場蒐證時，又在王俊杰的轎車內找到了呼叫器、行動電話，跟一張八月十六日晚上九點多，由內湖新明路協記加油站開出的統一發票。

警方在王俊杰的呼叫器內，理出十六組記憶號碼。這十六組電話號碼是誰的？王俊杰生前跟誰通過電話？又談些什麼？這些都是非常重要的線索，警方自然是絲毫不會放過。

經過警方調查的結果，這十六組電話號碼大多是王俊杰的一個經營電話祕書公司的李姓朋友，和姜洪軍呼叫的。警方立即對這兩個人展開調查。

根據李姓朋友的說法，他是因為聽王家的人說，王俊杰可能遭綁架，他關心王俊杰，便一直叩他，希望能得到他的任何一點消息。不過，他並沒有收到王俊杰的任何回應。

而在姜洪軍這方面，警方從王俊杰家人口中得知，王俊杰最近正跟「六義士」的卓長仁、姜洪軍等，進行一筆土地買賣，該筆土地位於台北市興隆路，價值達兩億多元。警方據此向卓長仁查詢，卓長仁卻否認王俊杰到過他家，他表示，當晚大概十點鐘左右，他跟海基會的人講了通電話，便上樓跟妻子睡覺去了。

不過，卓長仁後來再次接受警方約談時，卻又改稱當晚十一時左右，他跟姜洪軍、施小寧三人，一起開車到台北市，準備把車借給公司職員吳榮成，但吳榮成不在公司。

警方找到吳榮成查證，吳榮成卻表示，他在八月十六日晚上十點三十分左右，是打過電話給卓長仁借車，而卓也答應了。但他卻在公司苦等卓長仁不至，於十一點到十二點之間想打電話再催，電話卻老打不進去。他跟另外三個朋友一直等到凌晨一點鐘左右，只好離開了。

卓長仁對當晚行蹤的交待，為何前後不一；借車過程也與吳榮成說的有相當大的出入。檢察官邱鎮北對此深感懷疑，加上從陸續蒐集回來的資料中，又發現了許多疑點，於是將卓長仁、姜洪軍、施小寧等人列為重要涉嫌人，積極展開調查。

十一月廿八日，警方接獲了一名祕密檢舉人的檢舉函。檢舉函中提到，八月十六日晚十一點三十分左右，他在棄屍現場那輛白色愛快羅蜜歐前面，看到一輛紅褐色豐田牌

轎車，及一輛紅色喜美轎車，而同時有二高一矮的男子在現場。

經警方查證，卓長仁除了有一輛紅褐色豐田轎車外，年初曾將一輛紅色喜美轎車送給了姜洪軍。而兩高一矮的體型特徵，也符合了卓長仁、姜洪軍、施小寧的身材。這無異是天上掉下來的證據，邱檢察官無比的振奮，對卓長仁等人的涉案程度，又加強了幾分信心。

為了找到更多的證據，警方首次在邱檢察官的率領下，遠赴淡水卓宅，做蒐證的工作。在這次的搜索行動裡，警方在卓長仁家中大廳牆上約三呎高度的地方，採到一枚「疑是」王俊杰所留下的著襪腳印，又在垃圾筒中，搜出一個無名神位牌。

經查，卓長仁在命案發生的隔月，曾經請道士到他家中做法事。卓長仁的說詞是，他在大陸的老母過世，他立祖先牌位向大陸隔海遙祭。但警方發現，神位牌上並沒有寫任何名字；這與民俗常情不符，悼祭自己的母親，沒有任何理由會不寫名字。

而那個著襪腳印，經查，也與王俊杰生前所穿的運動襪紋路相符。而且，這一枚右腳印的腳掌，有異於常人的較大彎曲度，與王俊杰右腳較大彎曲度的特徵相吻合。至於所以會留在牆上三呎高的地方，大膽假設，可能王俊杰遇害的時候，係被人自背後反制雙手，掙扎間，以雙足力蹬牆上，尋求解脫所致。

雖然這些只是警方的臆測，但如果根據法醫楊日松博士驗屍後的說詞，就顯得「諸多巧合」了。楊博士的驗屍報告是這樣提到：王俊杰左、右手臂有格鬥傷痕，胸部被擊毆，後腦被大小不一的鈍器擊打，脖子有掐痕。研判兇手不只一人，「當在二～三人以上」。

不過再怎麼樣的「臆測逼真」，「足印」和「神位牌」仍屬「間接證據」，檢方不能因此草率收押。要逮住卓長仁等人，必需要有「直接證據」才行。但無論如何，判定卓宅為命案的第一現場，幾乎是無可置疑的了。

為了找尋「直接證據」，承辦檢察官邱鎮北又在五日晚上，率辦案人員再赴卓長仁的別墅，和對王俊杰的座車，以金屬探測器做地毯式的偵測、蒐證。根據驗屍報告，王俊杰在生命遭受威脅時，曾有跟人打鬥、反抗的痕跡。那麼按理在他反抗中，該會有一些東西遺留現場。另外，王俊杰被塞入車廂準備棄屍時，至少需有兩個以上的人動手，凶嫌應會留下一些蛛絲馬跡。而在棄屍的過程中，車內也應該有脈絡可尋。

然而，這次的蒐證行動，雖然在卓長仁的別墅，和王俊杰的座車上，均找到一些毛髮、唾液乾沫和新的指紋，卻仍沒有直接的證據可以證明卓長仁等人的涉案。

春節前夕，邱鎮北檢察官在警方一直無法查獲具體涉案直接罪證的情況下，決定使

出收押卓長仁等三人的最後手段，以期利用隔離偵訊的技巧，對整個案情有所幫助。

但不料，檢方準備收押卓長仁等人的消息，卻提前曝光，外界以為警方的偵查工作告一段落，全案將以函送方式交由桃園檢方偵辦。因為這個消息的曝光，使得邱鎮北春節前的收押行動暫時作罷。

不過，為突破苦無直接罪證的窘態，檢警人員最後還是再度利用先收押禁見的方式，將卓長仁等三人收押了。果然，在警方的隔離偵訊技巧下，全案隨即急轉直下，命案發生以來，狡猾異常、採取不合作態度，口口聲聲喊冤枉、喊政治迫害的卓長仁等人，終於坦承犯案。

卓長仁、姜洪軍、施小寧等人雖然坦承犯案，但對殺人過程卻相互推諉。施小寧供稱，真正殺害王俊杰的是卓長仁和姜洪軍；姜洪軍則說是卓長仁用木棒把人打死的；卓長仁的說法是，先由他跟施小寧制伏王俊杰，姜洪軍則以健身用彈簧棒重擊王俊杰後腦。王俊杰不支倒地後，施小寧再架起王俊杰，緊勒他的頸部，姜洪軍猛擊胸部。他見王俊杰已經奄奄一息，準備以麻繩綑綁。不料王俊杰這時又奮力反抗，他唯恐他負傷逃脫，驚動他人，因此拿衛生紙沾水弄濕，硬塞王俊杰的鼻子，使他窒息而死。

在殺人動機方面，一開始姜洪軍和施小寧供稱，他們三人是因為與王俊杰洽談土地

仲介及支票調現等事，一言不合起了爭執，失手打死了王俊杰。為了脫罪，他們故佈疑陣，弄成擄人勒贖撕票棄屍等的模樣。

但在與卓長仁對質時，姜、施二人又翻供，聲稱他們是因為經濟情況不好，由卓長仁主謀綁架王俊杰勒贖。由於他們跟王俊杰是舊識，深怕放了他無異是害自己，又謀議將王撕票滅口。

卓長仁對這個動機說詞，倒是供認不諱。

至於棄屍過程，三人的說辭較為一致。他們三人將王俊杰殺死之後，便共同綑綁他的屍體，抬到王俊杰開來的轎車行李廂內，由卓長仁駕駛他紅褐色豐田轎車載施小寧走在前面，姜洪軍則駕著王俊杰的車子跟在後面，從淡水出發，上了高速公路，到桃園中正路棄屍。棄完屍後，三人再搭卓長仁的車子回到淡水。

至此，王俊杰命案離破案只剩一步之遙了。檢警聯合專案小組根據三個嫌犯的供詞，加以反複查證，和提訊追查殺人兇器等相關證物之後，又借提卓長仁等三人到淡水卓長仁的舊宅，做行兇棄屍過程的現場表演。

一個懸宕多月，轟動海峽兩岸的綁架勒贖撕票命案，在大眾廣泛關注下，終於宣告偵破。卓長仁、姜洪軍、施小寧確定為謀殺王俊杰的兇手，啷噹入獄。

頂著「反共義士」的頭銜，行謀財害命，殺人棄屍之事，反共義士再度成為社會的話題。而他們這次引起的震撼，比之當初「投奔自由」給大眾帶來的震撼，有過之而無不及。

當年，「六義士」劫機降落韓國，信誓旦旦的向全世界宣佈，他們投奔到台灣，為的是唾棄共產主義，為的是要爭取自由，並為自由做點事。當時台灣的社會普遍的同情他們的義舉，甚至還慷慨捐款。沒想到若干年後，他們之中的二個人，卻在這塊「民主自由」的土地上，幹下了令人髮指的勾當。果然，他們是「為自由做點事」了。

七十六年二月的時候，卓長仁與高東萍二人，以「反共義士」的特殊身份，相偕拜會桃園縣政府，當時的縣長徐鴻志跟他的夫人吳秀英女士，曾率領縣府一級主管多人，以「貴賓」相待，除了頒發「榮譽縣民」狀給他們外，還指派官員陪同他們參觀縣內的味全埔心牧場、茶業改良場，及苗栗南園等觀光地區。

當時，高東萍以在台無親人故友，無依無靠為由，拜縣長夫人吳秀英做「乾媽」，一時傳為「佳話」。

沒想到事隔多年，擁有桃園縣「榮譽縣民」身份的卓長仁，卻在殺了人之後，把屍體棄在「以他為榮」的桃園縣，把桃園的檢警雙方累得人仰馬翻，最後還遭囚於桃園看

守所。世事多變，不禁要令人感慨萬千。而卓長仁以這種方式「報答」桃園，又怎不令桃園縣人心有戚戚焉？

在檢警偵查期間，卓長仁三人不斷以「政治迫害」來喊冤，企圖給偵辦單位重大壓力。但是「法律之前，人人平等」，「政治迫害」並不是絕對的護身符，你「吃共產黨奶水」，來淌「國民黨的渾水」，有罪者恆有罪之，有罪者，無論身在「奶水」裡，或身在「渾水」裡，最後還是跑不掉的。

據卓長仁自己承認，他對台灣的房地產十分熟悉，他的頭一筆買賣，轉手之間，就為他賺進不少錢。很顯然的，他這個「共產主義社會」出身的人，比土生土長的台灣人還有本事在台灣生存。

許多台灣人，忙碌了大半輩子，連棟住的房子都沒有，卓長仁到台灣不久，就吸收了資本主義社會的精華，練就一身賺錢的本事。如果他肯依照「資本主義社會」的遊戲規則玩下去，他是「錢途」無量。只可惜他不懂好好珍惜把握，他把他在「那邊」的文革手段～「清算鬥爭」、「砸、打、搶、殺」等的本事全帶過來，在「這邊」掀起一片腥風血雨。

從卓長仁涉案後發表的一些言論來看，似乎他把他的「由盛而衰」歸咎於「國民黨

」對他們逐漸的疏忽。他甚至對一些媒體說，共產黨對他比國民黨還要好。

這些充滿怨懟的話，顯示出他在享受資本主義社會繁榮富足的同時，並沒有深刻體驗到資本主義社會公平而強烈的競爭型態。在資本主義社會裡，是「適者生存」，是「不進則退」。「反共義士」的金牌，不是一道「免死」金牌，不是共產主義社會的「大鍋飯」，能夠永久保你高高在上，保你永久不「餓死」。

由於兩岸情勢的變化，「反共義士」這種充滿政治意味的稱謂，已經逐漸成為歷史名詞；現在的「反共義士」的光環，已不再像一開始時那樣的光采奪目。當你覺得你這個義士不再是個英雄，英雄就要「失勢」了，英雄就要「末路」了之時，為何不能像當初你投奔自由時，那樣的「識時務者為俊傑」、「知進退乃大丈夫」，及早卸掉英雄的身份，做個「跟大家一樣」的平凡人？

第二十二章

驚奇第六感

——女鬼叩門來，得以訴冤情

楊日松目不轉睛的的盯著電視。

電視上演的是日本劇，他一向喜歡在就寢前，看一下日本片，以疏解白天工作的壓力。

對白天工作忙碌的他來說，疏解壓力是十分必要的。疏解完今天的壓力，才能好整以暇的面對第二天新的事物，才會有好的思緒思考新事物的邏輯。

他留學過日本，日本片他看起來一點都不吃力。有些日本片就是好，內容充實，有深度。甚至有一些懸疑的推理劇，能刺激他的靈感，讓他「想通」一些繁雜的事情，幫他破解一些難解的「習題」。

除非是白天面臨的事情很不尋常，否則，看電視的時候，他大都是全神貫注的。今天，他就不能專心，看著、看著，就老分神的想到白天去板橋殯儀館驗的那具無臉女屍。

放在板橋殯儀館的這具女屍，是在淡水沙崙海水浴場被發現的。據警方說，發現她的時候，她的臉部俯趴在沙堆上，下半身埋在沙裡。當趕到現場的法醫將她翻過來，準備要相驗時，赫然發現她整張臉的皮肉，全不見了，只剩下頭蓋骨連著長髮。不過，她的軀體倒是完好的。

由於他很忙，等排定時間，要去驗這具無臉女屍時，已是十三天之後；也就是今天。

通常，他要去驗某一具屍時，會在頭一天通知殯儀館，將屍體搬出來解凍。但是今天他去到殯儀館，卻發現女屍並未完全解凍。

他百思不得其解的，也就是這裡。屍體退冰，只要一天時間足夠，而殯儀館的人告訴他，昨天就已經將屍體移出來解凍了，為什麼到現在還沒退冰，他也莫名其妙。

由於沒有完全解凍，他只能局部的為女屍做頭部和胸腔的剖驗。他發現女屍生前頭部後腦曾遭重擊，喉部積有一些泥沙，判定是生前落水，窒息而亡。至於臉部，因為尚未完全退冰，且膚肉已經不見，也只能判斷是遭蟹、蝦啃噬了。

為什麼女屍經過了足夠的融化時間，還不退冰？離開殯儀館後，他一直耿耿於懷。這種不尋常的事件，意味著什麼？會不會「又」是女屍想告訴他什麼？

說「又」，是因為在此之前，他已曾經多次碰到難以解釋的怪異事件。印象比較深刻的，要算民國七十年左右的那個「窗外女郎」事件。

那天，他為一具女性「水流屍」驗屍。由於女屍全身沒有什麼傷痕，且又是生前落水，所以他便做了「自殺」或「意外溺水死亡」的判定。

事情便發生在他驗完屍，坐火車回台北的路上。他在火車裡坐著，突然感覺車窗外有一個穿白衣服的女子，默默的對著他看。剛開始，他覺得她有些面熟，彷彿在哪裡見過。突然，他一怔，火車飛快的跑著，她怎麼可以在火車外面，跟著火車這樣子的移動呢？

這時他知道自己碰到了靈異事件。也在同時，他想起來了，車窗這個女郎，不就是剛剛才驗過的「水流屍」嗎？她為什麼要跟來？為什麼要對他「顯靈」？莫不是剛才的驗屍有疏忽的地方，而這個疏忽將使她含冤莫白？

心裡有了這種想法，他便在火車到站後，馬上又搭下一班的火車趕回淡水重新再驗一次屍。這次他非常小心仔細，終於給他發現了疑點，把驗屍結果改為「他殺」。

又有一次，他到宜蘭驗個喝毒藥而死的女屍。由於沒有疑點顯示有「他殺」嫌疑，他便以「自殺」結案。沒想到回家的路上，便遇上了「攔車女郎」，想搭他的便車。同樣的，女郎看起來很眼熟，但想不起來在那裡見過。

過了不久，這位女郎下了車，他的車卻在山區裡繞了一個多鐘頭，找不到出路。北宜公路就這麼一條路，順著開絕無迷路之理。他心知有異，再一想，剛才那名女子的臉孔，似乎跟他才驗過的女屍很相像。

依他的經驗，碰到這種事，一定是剛才的驗屍有瑕疵，他立即要司機將車開回去，重新驗屍。

果然，再度驗屍的結果，他在女屍的肺部發覺有毒藥浸蝕的痕跡。一般人喝東西，在自然的情況下，只會流經食道；唯有在強灌的情形下，才會跑到肺部來。當下，他把這名女屍的死亡原因，由「自殺」改為「他殺」。

像這樣顯靈申冤的怪異事件，他前後碰見好幾次。

他不主張怪力亂神，但經歷過這麼許許多多的靈異事件之後，使他有理由相信，這世上，的確有「靈魂」的存在。

說是「靈魂」，毋寧說是「第六感」。

他認為「第六感」其實是很科學的。人死後的腦波，會有一段時間呈游離狀態。當這些「波」跟你的「波」頻率相同，被你接收到了，你便會「感覺」到它的存在。這道理就跟人在收聽收音機一樣；收音機一打開，電波放射出來，由你腦波裡管聲音的聽覺神經接收，你便聽到了收音機在講什麼。

同樣的道理，如果發射出來的電波，是由管「畫面」的視覺神經接收到了，你便可以看到「影像」。

他相信那些個含冤而死的靈魂，就是用這種方式跟他「溝通」的。而這位「拒絕退冰」的女屍，是否要跟他「溝通」什麼？是否也在「暗示」她有著什麼冤屈呢？

想到這裡，他的大門突然響起叩叩叩的敲門聲，並且有人叫著他的名字。他心裡想著，晚上九點多了，誰還會來找他？他起身穿著那日本時代的木屐，走到門口去開門。

門開處，一位穿著藍色運動服、髮長及肩、身材高䠷的年輕女子，站在門口。打了招呼之後，他注意到這位女子長得蠻漂亮，但就是臉色有點蒼白，且面無表情。

來者是客，他禮貌的問她有何貴幹？

女子表示自己是來請他驗傷的。

女子說完這話時，他發現她臉龐的周圍，繞著有一圈的血痕。

他心裡有些奇怪，怎麼會有這種受傷法？女人最重視的就是一張臉，她自己當然不會拿自己的臉開玩笑。那麼有誰會這麼狠？在她漂亮的臉龐上劃這樣一刀？

他對她寄以萬分的同情。這種毀容似的一刀，一定比劃在她心口還要難過。

「我家中沒有完備的醫療器材，能不能請妳明天到刑事局來，我一定好好的給妳驗傷。」他口氣委婉的這樣對眼前的女子說。

女子聽完他的話，沒表示什麼，一雙大眼看著他，似乎還有什麼話要說。

但是，她什麼都沒說，默默的轉身打算離開。

對於一個黑夜求助的女子，他不能馬上給她需要的幫助，他心裡有些歉疚。但是沒有齊全的驗傷器材，他愛莫能助啊！明天吧！明天她到刑事局時，他一定給她最大的幫助。

而就在他腦子裡閃過這個念頭的電光火石間，她忽然失去了蹤影。

他一愣，揉揉眼，再看，沒有，真的再沒有她的身影。

愣了半晌，他才關上大門，回到屋裡。

他再沒心情看電視。一個「人」再快的動作，也不可能眨個眼就消失；他知道，他可能遇上了「什麼」。

那個晚上，他一夜沒睡好覺；那個女子的身影一直在他腦海遊蕩，揮之不去。

她是誰？她帶著臉龐周圍那一圈血痕來見他，又暗示著什麼？

突然，他心中一動，白天他不是才驗過一具無臉女屍嗎？這兩者之間，是否有某種

關聯？

清晨六點，再也熬不住，他起來給陪同他去驗屍的檢查官陳佳瑤撥了通電話，表示要再重驗那具無臉女屍。

解剖前，他仔細的觀察正在退冰的女屍臉部。是不是「她」呢？這具已經沒有臉肉的女屍，是不是就是昨晚來敲開他家大門的「她」呢？沒有了臉肉，他真的無法證實。

那麼，除了臉，還有沒有其他的東西可以證實呢？他努力回想著昨晚站在他前面的「她」，身上還有什麼特徵？「她」，身材高，穿著一套藍色的運動裝⋯⋯⋯，突然，他心中一動，藍色運動裝？

「她的衣服呢？我要看她穿的衣服。」他向殯儀館的人要求。

殯儀館的人把「她」的衣服拿出來了。一看之下，他駭然吃驚。藍色運動服！竟然也是藍色運動服！而且還是同一品牌、同一款式！

他心裡有數了，真的，他真的又碰上了靈異事件⋯⋯⋯。

好容易女屍身上的冰，完全退化了。這次，他比平常花費更大的心力，去驗這具屍。她把她的冤屈託付他，她對他寄以完全的信任，他不可以辜負她，他一定要將真相找出來。

首先，他發現她臉部的傷口上，有多處直角的切痕。這一點表示，她的臉肉是遭人一刀一刀切割下來的；因為如果是遭蝦蟹咬食，那痕跡會是凌亂不平的。再來，女屍的乳頭用力擠壓，尚有乳水滲出，顯示她生前才剛生過孩子。同時，她的內褲反穿，下體驗出多量分泌物，有被姦殺的可能。

他最後判定，這具無臉女屍是「他殺」死亡。

從「自殺」到「他殺」的判定，只隔一天的時間；但在他來說，卻隔著茫茫無人能解的靈異事件，他被非常「不科學」的靈異事件牽引著，回頭做非常「科學」的檢驗，因而使女屍的死因真相大白，誰又能說，「靈異」不是科學的？

或許，「靈異」根本就是科學的，人們只是因為他們無法像其他東西一樣，對它提出數據的、合理的解釋，便將它納入「不科學」的範疇，這難道不是人類的「無知」？因為看不到，都說「它」沒有；然而就因為看不到，誰又能證實「它」不存在呢？

第二十三章

角頭大哥

——萬貫家產靠賭來，咪咪橫死因錢財

載著全省各地黑道角頭的轎車，一輛輛的開往中壢市區的中明路。

山雨欲來！

咪咪死了。靠賭發跡，聞名南北黑道的中壢角頭老大，被殺害、毀屍、棄屍，死了！

這個驚人的消息一傳出，全省的黑道社會沸騰了，二、三十個來自北、中、南各區的黑道人物，紛紛從各地趕來中壢，一方面了解實情；一方面商量治喪事宜。

而咪咪的一些「換帖」兄弟，面對老大的慘死，早已悲憤交集的私自展開調查，醞釀著一場報復行動。

一時之間，整個中壢地區的黑道，充滿著緊張肅殺的氣氛。

咪咪的死狀好慘。他的頭部被鈍器擊傷；頸部有勒痕；左耳被割，下體血肉模糊。屍體被發現時，是被棄置在鄉間一間空屋屋頂的廢棄水塔內，上面還覆蓋著水泥。

由於咪咪被發現陳屍水塔的前一天，曾以電話叫妹妹準備好一千萬，待會兒有人會到家裡去拿；家中保險櫃內價值千萬的勞力士手錶、鑽戒、以及四、五百兩黃金，也被拿走了。因此警方研判，咪咪遭設計劫殺的成份很高。

另外，咪咪警覺性高，平時很少親自開門，也在家中大門裝設了電眼，嚴格監管人

員的出入。而他竟然會在家人和兄弟毫無警覺的情況下被綁走，研判可能「熟人」所為。

「熟人」?!

一時之間，平常跟咪咪交往密切，來往頻繁的朋友，人人自危，個個撇清，有的當天發誓，有的靈前詛咒，都急急想表示自己的清白。

但這中間獨獨缺少了一個人；那就是咪咪的貼身司機，綽號叫「阿青」的張正清。從案發開始，阿青便不見了。這與常理不合，老大慘慘的死了，連外圍的兄弟都會來弔祭，他一個如此親密的貼身司機，竟然無動於衷，連到靈前上個香也沒，太可疑了。

於是大家開始找阿青；警方找，黑道也找。

同時，黑道也利用兄弟之間的傳話，呼籲阿青如果是清白的，就要儘快出面澄清，否則後果很難預料。

然而，阿青就是不露面，他好像在空氣中消失了一樣。

在這段期間，警方為了更深入了解兇手做案過程，特地請了楊日松博士來為咪咪做複驗。

他。

楊日松去到檢驗室的時候，咪咪的兄弟都已等在那裡。兄弟們個個表情嚴肅的看著他。

即使是另外一種社會層次的人；即使生活於完全不同的空間，楊博士仍可以感受到那種無形的壓力。

空氣是凝結的；氣氛是肅殺的。

掀開白布，一條龍、一隻虎赫然在目。

光看這條龍、這隻虎，它們如此的活靈活現、栩栩如生，如果它們是被畫在紙上，裱框起來，掛在牆上，的確是個藝術品。但是它們被這樣刺在一個人的胸膛、手臂上，就有點怵目驚心了。

跟大部份的平民百姓一樣，從前他完全不知道有「咪咪」這號人物。「咪咪」這名字如此溫馴，如果有人叫一聲「咪咪」，他鐵定會以為是在叫個純真無邪的小嬰兒，或是在呼喚他的小狗狗、小貓咪等的寵物。他無論如何也想不到這名字會跟一個黑道人物聯想在一塊？

這個曾經砍砍殺殺，叱喝江湖的角頭老大，如今就這樣靜靜的躺著，無聲無息的躺著，讓解剖的刀在他身上左一刀、右一刀的劃，而一點也無反擊之力。要是在從前，不

要說是刀子往他身上劃，就是被人瞄一眼，只怕早已暴跳起來，拳腳交加，甚至刀劍相向了。真個是「三寸氣在千般用，一旦無常萬事休」啊！

聽說大家樂盛行期間，咪咪動輒以數千萬元，沿縱貫線南北封牌，「咪咪牌」曾經為他贏得兩、三億元彩金。

二、三億元！這對他這個窮公務員來說，真是個天文數字。他每天辛辛苦苦的南北奔波，給各式各樣死法的屍體剖驗，一個月的薪水也不過是幾萬元。而他們卻可以在一夕之間，成為暴富。

他南北奔波驗屍；咪咪南北奔波封牌。真是諷刺，同樣是「南北奔波」，所得卻是如此相差天壤。也真是諷刺，他今天驗屍驗到他身上來了。

錢，真是可以載舟，也可以覆舟。他擁有二、三億的財富，卻命喪一千萬之下，盤點起來，一點也不划算。如果他沒有這二、三億元，現在可能還活得好好的；如今他死了，剩下的「三億元減一千萬元」，絲毫帶不走半分。

有句話說：「九斗九升命，湊成一石要生病。」命中有多少，就承受多少，何必強求呢？

有錢不一定幸福。真的。

雖然他一個月只有幾萬元的收入，剛好一家人夠吃夠用，但他們一家人和樂融融，完全不必擔心有黑道的仇殺、有歹徒的對他財務的覬覦。他們自由自在，輕輕鬆鬆過日子，這才叫幸福。

如果早知道會有今天這種下場，咪咪一定寧願自己當初不曾簽賭，不曾暴富；在人生的舞台上，他一定寧願自己是個不引人注意的小角色，而不是什麼角頭老大。

往者已矣！來者可追！不知道咪咪事件的發生，能不能給正在邊緣徘徊的人，一些警惕？

咪咪的前胸、額頭、腦部，都有傷，頸部有勒痕。前胸的傷是肉拳打的；額頭的傷是「鐵拳頭擊的；腦部的傷是鈍器敲的。頸部的勒痕，是他致命的原因；他是在被打昏，無反抗能力的時候，被勒斃的。」

至於咪咪下體那一片模糊的血肉，不是被割的；而是被人以硫酸潑灑，蝕燒成那樣。

綜觀這些徵象，他有了一個結論：兇手有兩個人以上，其中用「鐵拳頭」的那個人是左撇子，習慣毆打對手的胸腹。

結論一出來，在場的弟兄討論聲嗡嗡作響。大家都在思索，咪咪認識的人裡面，誰

是左撇子？

阿青呢？他是不是？

* * * * * *

國賓大飯店的某個房間裡，阿青躺在床上猛抽煙。

自從他夥同其他七個人，幹掉老大咪咪後，他跟其他的人各自分散避風頭。東躲西藏了好一陣子，他最後來到了國賓大飯店，闢了個房間，暫時棲身。

原以為殺了老大咪咪是神不知鬼不覺，原以為得到那筆錢，他可以安心花用；沒想到風聲愈來愈緊，不利於他的聲浪愈來愈高。白道在找他；黑道也在找他，現在的他，不是等著隨時啷噹入獄，就是等著隨時降臨的殺身之禍。

如果真的逃不掉，他寧願是警方先找到他。他深知被黑道先找到的後果，他可能會被施以他們對待咪咪方式更殘酷一百倍、一千倍的手段，淩虐致死。

唉！都是金錢惹的禍，他如果不一時貪圖那筆錢，做掉了自己的老大，現在也不致於弄到這麼狼狽的地步。其實一千萬給八個人一分，每個人也分不了多少，就算再加上

那些黃金鑽戒，也還沒有到值得為它喪命的地步。

嚴格說起來，老大咪咪對他是很不錯的。他疼愛他，信任他，還配給他一大串他家的鑰匙，以方便他的出入。

他就是利用這串鑰匙，「自由」的進入老大家裡，把剛從台北回來的老大制住，取走了保險櫃內手錶、金飾。然後又與在外面接應的陳力國、張文華等好朋友，押著老大，直奔中壢李正忠的家。

咪咪剛開始還很硬，被他們一頓毒打以後，才放軟態度，答應給他們一千萬贖金。

本來一開始，他們只是想要錢，並沒有想要咪咪的命，但拿到錢以後，他們商量的結果，覺得還是不能放虎歸山。試想咪咪是什麼人？堂堂一個老大身份，有錢又有勢，平常一呼百諾，哪個敢得罪？如今卻被最信任的手下出賣，勒索了一大筆錢不說，還被一頓好打，這口氣叫他如何嚥得下？如果將他放了，明天倒楣的將是他們幾個。說不定他們迷迷糊糊的去到閻羅王那裡，還不知自己是怎麼死的。

於是，他們八個人七手八腳的用麻繩將老大五花大綁，載到荒郊野外，準備將他殺害。

這中間老大曾苦苦哀求，只要將他放了，一切好說。但這個時候，還有誰會相信承

諾？以他自己為例，為了這些錢，他都可以不顧黑道的倫常，出賣一向對他不錯的老大；自己都不相信了，還會去相信大有理由將他碎屍萬段的老大嗎？

咪咪，他的老大，就這樣在他們八個人的合力下，被打昏，勒斃。

因為老大身上的特徵很多，比如像他身上的龍虎刺青，比如他那對一大一小的老鼠耳，很容易就被人認出。為了湮滅證據，他們將他的左耳割掉，又用硫酸澆他的身體。做了這麼多的「善後」工作，想不到老大的身份還是很快被認出。最不可思議的是，那個法醫楊日松居然能驗出「鐵拳頭」是被「左撇子」打的。左撇子是他最大的特徵，這下無異是判了他死刑，他只好躲得更緊，藏得更深。

他不知道自己還能躲藏多久，也許明天，也許後天，也許是現在，他就會被發現行蹤，也許下一秒警察或「兄弟」就會衝進來，給他戴上手銬，或將他亂刀砍死。總之，他的「自由日」或「好日子」不多了，過一天．．．．不，過一「秒」算一秒吧！

有人按門鈴。

「誰？」他問。

「服務生。」外面的聲音答。

他開了門。進來的卻是喬裝的警察。

警察給他戴上了手銬。

他鬆了一口氣；起碼，衝進來的不是「兄弟」。

第二十四章

一顆頭顱

——法醫室的鎮守之神

此圖就是法醫室的『鎮守之神』孫伯英的頭顱

楊博士為工作同仁解說『鎮守之神』的神秘

刑事局的法醫室裡，擺著許多裝在透明玻璃罐裡，泡著藥水的人體標本，有肝、肺、胃．．．．等的內臟，有手、腳等的肢體，也有人腦、頭顱。其中令人印象最深刻的，要算是那顆浸泡了三十七年之久，至今仍保存完好的「孫伯英」的頭顱了。

現在的年輕人可能不知道「孫伯英」是何許人也，「稍微」有一點年紀的，大概就曉得了。孫伯英是個退伍軍人，因為懷有一筆退休金，而遭做生意失敗的舊時軍中同袍劉志才和袁銘殺害，繼而分屍、棄屍。

這便是發生在民國四十八年的「屈尺」分屍案。

屈尺是新店往烏來途中的一個小站，民國四十八年的十二月份，台灣電力公司的幾名工人，在屈尺小粗坑發電廠水口前，做著整理沉沙地的整理工程。做著、做著，總覺得隱約有股惡臭隱隱隨風而來。這股惡臭隨著工作進度愈來愈濃，他們忍不住暫時放下工作，循味尋找。就在一堆砂石中，他們發現了一包用棉被綑住的什麼東西。這包東西正是惡臭來源。

本來把這包惡臭丟棄就沒事，卻憑著一股好奇心，他們打開了這包東西。一打開，赫然發現裡面是毛茸茸的兩條男人的大腿．．．．。

警方據報後，立即在棄屍地周遭展開地毯式的搜索。二天後，一顆頭顱在附近的一

個魚池裡被尋獲。這顆頭顱齊頸而斷，狀甚恐怖、殘忍。

這椿命案，是發生在台灣的首宗殺人分屍案。在那個民風仍屬純樸、閉塞的年代，發生了這種慘絕人寰的慘案，在當時的社會，造成的震驚和轟動，可想而知。

案子在幾天後就破了。一個叫劉志才的退伍軍人向警方投案自首，說這件分屍案是他跟袁銘幹的。他從軍中退伍後，做了一些生意，都是有賠無賺。連連敗陣的結果，使得他面臨破產邊緣。後來，他想起老同事孫伯英有筆退休金，於是跟朋友袁銘商議，打起孫伯英的主意。

孫伯英就在這種情況下，被劉志才殺害、支解，再夥同袁銘棄屍。

先被尋獲的孫伯英的屍「身」，很快的被他好心的湯姓朋友出面領去埋葬了。但後來再找到的屍「首」時，不知怎地，那位湯姓朋友卻再也不肯出面具領，使得孫伯英的「頭顱」在法醫室裡一待就是三十幾年。

博士說，按理，一顆頭顱泡在藥水裡這麼久，毛髮早該脫落。但是很奇怪的，孫伯英頭顱上的毛髮，卻始終緊緊附在已挖空的頭殼上。那齊肥的長髮，在藥水裡飄飄然；那整齊濃密的雙眉，對稱的嵌在眉梢之上。甚至，他的鬍子仍緩慢的繼續在長。

博士指著頭顱的下巴，告訴我們，每隔一段時日，他就要把「它」從藥水裡掏出來

，幫「它」刮鬍子。筆者趴近仔細查看，果然，稀稀疏疏的鬍渣渣，一根根依附在「它」的下巴上。

在民間，有人在請撿骨師為死去的親人撿骨時，赫然發現長埋地下多時的親人屍體，頭髮和指甲都長長了。對於這種現象，民間的說法是，人的體內都儲有「安全存量」的養分，這些養分使得人們即使碰上特殊狀況，幾天不吃東西，仍暫時不會死。直到這些養分都耗用殆盡，人體失去運作的能源，人才會真正死去。屍體也一樣，雖然已經停止呼吸，停止了養分的製造，但體內仍殘存著一定的「安全存量」的養分，毛髮指甲就靠著這些養分繼續滋長，直至這些養分用完為止。

但是這個說法可以解釋屍體的毛髮指甲長長的原因，卻很難讓人信服孫伯英毛髮的續生也是基於這個狀況。也許人死後，剩餘的養分還可以供應短暫的一個月、二個月，無論如何，絕不可能是漫長的三十七年之久，甚至還可能漫漫無絕期的繼續提供下去。

當然，除非是「他」還在繼續製造養分。

也當然，這個假設在科學昌明的今天來看，絕對是個「解釋不清」、「荒誕不經」的事。

那麼，誰又能解釋一個死了三十七年之久的「頭」，還會有「生」命的跡象？他的

這種異象，可不可以歸類到民間傳說中的「養屍」，或「蔭屍」中呢？

所謂的「養屍」，是說人死埋葬多年，毛髮增長不化，屍體長胖不腐。而「蔭屍」則稍有不同，是說葬後多年，屍體不長毛，不變胖，屍體保持完好不爛。

所以會產生「養屍」或「蔭屍」，比較「科學」的講法，是跟墳墓本身的土質有關。有些土壤的質地結構，可以使屍體與外面的空氣隔絕，因而屍體可以保持完整不壞。

不過，人們似乎比較喜歡把「養屍」跟「蔭屍」訴諸於「靈異」。認為一個人如果含冤而死，一口氣憋在胸口，就很容易產生「養屍」和「蔭屍」的情形。

孫伯英是否因為死得冤枉，始終沒有嚥下那口怨氣，而使得他的頭顱變成如同「養屍」、「蔭屍」？想想也是，他這麼信任他的朋友，他的朋友卻見利忘義，以殘酷的手段謀害了他，還叫他死無全屍，叫他情何以堪？

但是，這件命案不是破了嗎？兇手不是已經伏法，還他一個公道了嗎？孫伯英的這口氣要憋到什麼時候才肯罷休？

也有人認為「養屍」、「蔭屍」的形成，是由於風水上「犯沖煞」的關係。認為下葬的時間、地點、方位，需要配合死者的生辰八字跟死亡時辰，稍有疏失，便極容易出亂子。但是，在「法醫室」那種「科學」的地方，誰會跟你講究這麼多，正經八百的去

選擇什麼「黃道吉日」，才正式把孫伯英的頭顱浸到「藥水」裡？

一般人相信，「養屍」和「蔭屍」會對其家族造成極大的不良影響。認為我們的人體上，延襲著祖先的「遺傳基因」，有著血緣關係，因而產生感應作用，有感應，就會有傳導作用。而祖先屍體躺在養屍地裡，因為長期的不腐化，自然而然的就會利用這種傳導作用，吸取子孫的生氣，達到「養屍」、「蔭屍」的目的。活著的子孫，長期被這樣子吸取生氣，久而久之，當然對身體健康、家庭運勢，都會產生極大的不利影響。有句話說：家有蔭屍，非死即傷，就是這個意思。

曾有傳聞，一位建築商，趕上房地產熱鬧滾滾、形勢一片大好的熱潮，興建了許多公寓大樓，一批又一批的賣了，很是賺了一大筆錢。但就在他的父親死後沒幾年，他的生意漸漸有了太陽西下的感覺，房子怎麼蓋，怎麼沒人買；有時甚至在施工期間就一連串發生變故，不是大樓垮了，就是工人墜樓身受重傷，殘了！死了！再不然就是跟買主客戶之間發生契約糾紛，官司打得他慘兮兮的。每天光處理這些橫生的枝節，就把他累得焦頭爛額，疲於奔命。

福無雙至，禍不單行。在事業上碰上挫折之際，他又發覺自己的身體每況愈下，頭昏、疲倦，精神狀況極差。有一天，他因此而發生了車禍，弄斷了一條腿，只好待在家

裡休養復健。

在這同時，他的家人也一個個莫名其妙的交到了壞運。首先是身子一向健朗的老母，突然無緣無故的病倒了，躺在床上不吃不喝。緊接著，老婆在上菜市場的路上，被一輛車子撞傷了，肇禍的司機加速逃了，慌亂中連車號也沒記上。再來就是替他到工地監督施工的兒子，禍從天降的被施工中的磚頭擊中，頭破血流，住進醫院。

一件又一件的事故，弄得他心裡發毛，跟所有中國人一樣，第一個想到的，就是「莫非祖墳風水出了問題」？

於是，隨即便找了一個風水師到祖墳去查看。風水師看了看父親的葬地，面色凝重的告訴他，這塊地是個養屍地，他父親的屍體在地下並沒有腐壞，已經成了蔭屍，建議他要立即開棺焚屍他遷。

這位建築商半信半疑，最後實在被家中一連串發生的事故嚇壞了，終於答應了擇日挖墳開棺。

開棺的結果，果然就如風水師所言，他的父親仍如同幾年前下葬時一個模樣，沒有絲毫腐敗的現象，是個道道地地的「蔭屍」。這下他再無異議的馬上依風水師所言，起屍焚屍，將骨送入靈骨塔供奉，並重新把祖墳風水調整一番。

說也奇怪，不久之後，他的老母逐漸能吃東西、下床、走路了。妻子和兒子的傷勢也在快速的康復中。慢慢的，他事業上的一切不順遂，也逐一開解了。

這個故事說明了「養屍」和「蔭屍」傷害親人的可怕之處。

孫伯英在台灣是個單身漢，如果他這種異象算是「養屍」或是「蔭屍」的話，他在沒有後代子孫可以吸取生氣的情況下，他吸取的又是什麼人的生氣呢？對長期浸泡他的法醫室，是否會產生什麼負面的磁場，對人體造成不良的影響呢？

楊日松博士的答案是斬釘截鐵的：不會！

不但不會，而且，「他是法醫室的鎮守之神。」楊博士說。

「鎮守之神」！這就是跟孫伯英數十年朝夕相處的楊日松博士，對這位「沉默」的朋友的觀感。

楊博士說，有「它」在，法醫室常年可以「夜不閉戶」；有「它」在，閒雜人等不敢時不時的來騷擾他。

同時，「它」也是楊博士的一位「生死」之交，楊博士習慣於他的存在，就如同習慣一個老友。在他單獨在解剖室工作的時候，他可以「不寂寞」，因為他有「它」伴著。有時候解剖室難免陰森，「它」儼然就是他心靈的依附。「它」儘管「不動聲色」，

但楊博士知道，「它」一直在默默的守護著他。「它」可以不說話，但楊博士隱然可以覺得，「他」一直是在「長相左右」。

好友不須話多！

博士還說，偶而他們在工作上遇到了困難，無法突破（比如做某個化驗工作，無法順利化驗出結果），只要燒燒香，「告訴」「它」，便會獲得突破性的進展，圓滿達成任務。

對孫伯英來說，綿延生長不息的鬍子究竟代表著什麼？是他對這個世界、對生存的依戀？是他對博士長年「照顧」的感恩？他用一種「特殊的方式」委婉的告訴楊博士，他「什麼都知道」？

後　記

長　廊～～陰陽兩隔一線間

大雨洗滌後的天空的藍，格外顯得高且開闊。幾許雲絮，嬌柔的偎在藍天寬闊的胸膛上，輕輕訴說著連綿不止的雨天的委曲。仍氤氳著新乾雨味的大地，迫不及待的揚起它終於乾爽的雙臂，迎送著熙來攘往的一輛車、二輛車……一雙腳、二雙腳……。

多麼適合郊遊的好天氣！多麼適合人類整個出動，探訪久違了的清新！然而，與小旭、小葉、美珍、淑惠等人上了車，我們探訪的不是郊外的清新，不是迎接全新的舒暢；我們的車駛向的是市區邊緣的陽明醫院。今天，我們千宇出版社的同仁們，即將親臨陽明醫院的太平間，觀看法醫楊日松博士的現場解剖。

這具勞動楊博士親臨解剖的屍體，名字叫何金昌，由於死亡原因出現兩個不同版本。檢查官說是跌倒撞到頭，屬於意外死亡；士林分檢署王法醫卻認為並不那麼單純。依據法醫界不成文的常態，凡是有疑問的驗屍結果，都要請楊日松博士前來做最後的鑑定。楊博士就是在這種情況下，被請來陽明醫院的。

跟博士認識，是種「緣」；能寫博士的傳記，也是種「緣」。世間萬物，該聚該散，講究的都是緣。從來沒想到的是，有朝一日自己竟會跟某個停屍間「有緣」，前來目睹整個解剖過程。如果不是為了深切了解博士工作的艱辛；如果不是為了得到博士辦案的第一手資料，說真的，誰都不願無端端的跑來湊「這種」熱鬧。

自從得到博士的首肯，授權由「千宇」為他寫一本他真正的傳記時，內心的惶恐真是無以復加。雖然跟博士論交近十年每個星期總有幾天跟他老人家促膝暢談，聆聽受教的機會相當多，對博士的一些超凡脫俗的思想，不能不說有諸多的了解，我們大可依自己截至目前為止，對他的所觀、所感，洋洋灑灑寫出長篇大論，但是我們不能，博士如此看重我們，對我們「忘年之交」的情份，說什麼也不容許自己有這種交差將就心態。一種無愧於博士、無愧於關心博士的社會大眾、無愧於文化事業、無愧於自己良心的使命感，使我對這本「楊日松博士」傳記的撰寫，懷著絕大的「戰戰兢兢」、「誠惶誠恐」，我們深怕自己的內涵不夠，表達不出博士內裡的無限蘊藏於萬一；我們深怕自己的筆鋒太淺薄，做作了博士一貫以來的純真。

基於此，我們一夥工作同伴前幾天造訪了博士的家，一方面期待博士給我們新的資訊，新的指導；一方面希望能發掘更多工作之外的博士。而今天的「驗屍之旅」，便是

博士給我們最好的一個了解他工作過程、工作態度、以及他面對死者內心世界的機會。

說實在的，那晚當場答應博士今天要跟他一起來驗屍，憑的是一股衝動。回到家後，便有些後悔了。真的要隨著博士進入那個聚著幾許「剛剛告別人間」的新魂的陰冷的停屍間嗎？真的要站在解剖台旁，親眼目睹博士在死者屍體上，劃下一刀、兩刀、三刀……，親眼目睹博士在那屍體上掏心、拉肺、剖肝嗎？思及此，不禁打了個寒顫。

昨晚，睡在床上，想著今天的這個行程，心裡真是七上八下，徹夜難以入眠。從來不曾這麼樣的希望長夜漫漫無盡頭；從來不曾這麼樣的希望黎明不要到來。不知其他的那幾個工作伙伴，是否也同樣的躺在他們的床上，輾轉反側？再怎麼希望時間就此打住，黎明還是來了。趕到公司時，小旭、小葉、美珍、淑惠等人，竟無一人遲到，每對眸子裡，閃的是緊張、好奇和興奮。大家都這麼的勇氣十足，作為一個領導者，自然更不能漏氣了，否則多沒面子？

如果說這趟行程是上戰場打戰，首先丟兵棄甲的人，便是小旭。到達陽明醫院，人還在醫院外頭的停車場，小旭就死活不肯跟著大家到地下室的停屍間去。他給自己找了個十分「冠冕堂皇」的理由——留在車上「看守」。

沒辦法，一部車一個人看就夠了，我不能用同樣的理由留下來。何況，楊博士還在

地下室等著我們呢！昂起頭，挺起胸，擺起「雄壯威武」、「泰山崩於前無所懼」的架勢，率著同仁們直下位於醫院地下室的停屍間。

啊！人潮洶湧，小販群集，賣吃的、賣用的，琳瑯滿目；交易聲、談話聲、聲聲入耳。整個地下室，一派熱鬧景象，哪有一絲恐怖氣息？心中不禁大大的鬆口氣，暗自高興幸好能「堅持到底」，沒有臨時「投降」，打退堂鼓，這下不但可以「輕輕鬆鬆」的完成任務，還成就了「男子漢大丈夫」的美名。而小旭，他錯估形勢，平白失去這「成名」的機會，日後窮這輩子，都難逃「ｘｘ」的糗名。有這把柄在我們手裡，嘿嘿！看他以後走路還敢不敢「有風」？

但是，好景不長，轉個彎，看到一條深深長長、昏昏暗暗的長廊，幽幽遠遠的通向冷冷寂寂的某處，適才的輕鬆立時消弭殆盡，一顆心馬上又提起來了。任誰一看也知道這是一條通往「幽冥」的「黃泉路」。沒想到一路之隔，隔起了「繁華」與「淒冷」；隔斷了「陰間」與「陽世」。而我們就站在「陰陽界點」上，彷彿我們回頭，便仍是陽間的人；繼續前行，要告別陽世，變成陰間的一份子。

美珍扯扯我，回頭看去，燈光下，剛才那一派繁華下的每一個人，那動作，彷如慢鏡頭下的行屍走肉；那笑容，宛若露齒慘笑回頭望的地靈殭屍。同仁們面面相覷，腳步

遲疑起來，竟無人再能踏出「從容」的一步。

美珍投降了！淑惠投降了！她們堅持不踏上長廊，要回頭「再世為人」。而我，身負重任，根本沒有「還魂」的權利，只能眼睜睜的看著她們毫無「眷戀」，一步步的「回陽」，真是既羨慕又嫉妒。羨慕她們身為「女子」，不必顧及所謂的「面子」、「膽子」等問題，就算「臨陣逃脫」這種丟人的事傳出去，也是「理所當然」、「理直氣壯」，不必臉紅。嫉妒她們「無官一身輕」，不是老闆，不必擔負出版社的「興衰成敗」，可以想「還魂」就「還魂」，想當人就當人。這時候，我也恨起小旭來，怎麼可以把這麼大的一個擔子丟給我一個人來承擔呢？雖然就算他來了，也會跟我一樣，嚇得慘兮兮的，但「人」多勢眾，要「怎麼樣」，好歹也有個墊背的。同時，我也恨起自己來了，其實，一部車兩個人「看」，又有誰說不行呢？

無論如何，來到這裡已經騎虎難下了，只好硬著頭皮「硬闖」了。幸好，這時的身旁，還有小葉，一直默默的跟在我身邊，沒有棄我而去。不過我想，在那種情況下，他還能不落荒而逃，可能不是什麼「忠心耿耿」之類的高尚情操；而是那種「死」要面子的心態。人說，虎死留皮，人死留名嘛！

而想到，此時的這條長廊，會有多少對人的肉眼看不見的「精光」排列在長廊兩旁

，默默的注視著我們？也許我們就要跟「他們」擦身而過，也許我們根本就不必「擦身而過」，而是直接從「他們」的身上「穿」過去．．．．一股涼意頓時打背脊昇起，直逼腦門，只感覺頭皮發麻、全身起了雞皮疙瘩。

再怎麼磨，再怎麼蹭，這條長廊終歸要過。「長痛不如短痛」，與其一步一步慢慢的走在長廊裡飽受煎熬；不如快馬加鞭，飛速通過。我跟小葉這兩個殘兵剩將，一咬牙，鼓起男子漢大丈夫的餘勇，以「壯士斷腕」，「慷慨赴義」的精神，大步踏上了長廊，直衝停屍間。

端的是「柳暗花明」，我們還未到達停屍間，一陣陣悅耳的誦經聲已隱約迎著我們由遠而近；由輕至大。等真正進入停屍間，佛祖的莊嚴慈祥；經聲的扣人心弦，使得我們的恐懼一掃而光，取而代之的是一片祥和。

博士正在辦公室專注的與檢查官詳細的比對案情。我們待在外面，不敢驚動他。據我對博士的了解，這正是表現博士對每件案子的慎重和責任感的地方。一個具有爭議性的案子，到了他手裡，他的一聲「他殺」，便可替死者申冤；他的一聲「意外死亡」，便要扭轉兇嫌的命運。博士自知責任重大，於是，跟檢查官詳細討論案情，便成了他自我約束、自我要求的一門必要功課。否則稍有疏失，自己長久以來建立的英名毀於一旦

事小，如果因此冤枉了好人；或誤了死者的冤屈，將是他最不能原諒自己的地方。

十一點左右，博士的助理小塘，和刑事局的仲建國、陸總部的傅永昇陸續到來。這些都是相交多年的好友，一見面格外親切。博士見到我後，親切的跟我握了握手，慈愛的垂詢一番。終於，又期待，又害怕的屍體複驗工作開始了。小塘和仲建國穿上工作服，持著手術刀在一旁侍候著。當工作人員剪開了塑膠袋，和裹屍布後，露出了整顆已經淤黑的頭顱來。觸景傷情，整個現場立即陷入家屬深沈的哀戚和悲痛中，真是「任是泥人應墜淚，縱教鐵漢也酸心」，我也感染到了大量的悲傷，想著白髮送黑髮；想著人生的無常；想著酒能誤事—這個死者生前喝了酒，跟人起了爭執，送了一條命；想著「三寸氣在千般用，一旦無常萬事休」，一個人生前再怎麼的「好勇鬥狠」，死後卻只能靜靜的躺在這裡「任人宰割」；想著．．．．想了好多好多，一股沉甸甸的某種東西，壓在心底，很不好受。

經過博士的指示，小塘駕輕就熟的在死者胸膛上劃下了一刀。快，有如荊無命的那一刀，層層綻開了胸口少許已無血色的胸肉。再來回幾下，又露出了內臟，和宛如氣泡般的大腸來。而另外一邊，仲建國對準死者的頭顱正中，劃下了見骨的一刀，然後雙手將臉皮往上下兩頭拉。瞬間，便將臉皮拉至臉頰，露出了頭骨。生平第一次目睹這種「

血淋淋」的場面，我克制不住的感到一陣陣反胃。反觀博士，他拿著鑷子，面不改色的站在一旁，等著驗看傷痕。小塘和仲建國，鎮靜專注，異味鑽鼻而絲毫沒有「厭惡」之色。這個時候，我深深了解到「法醫」工作的艱辛與偉大，一股崇敬—對天下法醫的崇敬之心，油然而起。他們不是「搬運工」，但是身心負荷的何止於搬運工的千萬倍？他們不是「清潔工」，但每天面對的「惡臭」豈止於清潔工的千萬倍？他們同樣是醫生，但所要診察的對象卻是直挺僵硬了無氣息、甚至是已血肉模糊、腐壞不堪的「非活人」；他們同樣是醫生，但能賺到的錢，卻是「活人」醫生的千百分之一。在這種種「負面」的誘因之下，仍肯做法醫的，大概不是「聖人」就是「白痴」。而無論是「聖人」或是「白痴」，這種「我不入地獄，誰入地獄」的情操，是我們平凡人萬萬所不能及的。

遠遠望去，忽見小塘取出了死者的「胃」，用剪刀剪了下去。在「胃」綻開的那一剎那，一股強烈的惡臭撲鼻，整個太平間頓時迷漫著令人作嘔的氣味。一直強自鎮定的我，再也「裝」不下去，偷偷的走了出去，取根煙吸了起來，企圖利用煙味壓制惡臭，安定惶動的心。

連這短暫的幾分鐘時間，我都不能忍受，博士何以可以常年累月的在這種「感官極度虐待」、「非常人所能忍受」的環境下，永不停歇的工作？回頭看看，他們口罩不戴

，安之若素，鎮靜如恆，全然的表現了他們的敬業，和對死者的尊重。一股敬畏，一股羞愧，自心底湧起。

不敢走近，我便遠遠的觀察博士的一舉一動，注視著他臉上的表情（看博士總比看炭黑色的死者頭顱要來得自在）。博士檢視著屍體，專注而肅穆。似乎，他在傾聽死者娓娓訴說他的痛苦；似乎，他正跟死者討論著他的冤屈。那一刻，彷彿他身邊一切的人聲話語都不存在，這世界只剩下他跟死者在對話。那一刻，彷彿時間定格在死者受害的那一瞬，真相在他面前重演。

無名的感動，觸動了我的心弦，懷著無比崇敬嚴肅的心，我再度走回太平間，回到屍體旁邊，這個時候，本已檢視完屍體的博士，見我走來，又招手把我叫到身邊，要小塘和仲建國把準備要縫合的屍體切口，再度拉開，一一向我詳述死者的致命傷，和人死後軀體的變化。

博士指著屍體凹裂的額骨，告訴我這是被重擊的致命傷。另外，左臉頰有大塊淤血，左手有打鬥的痕跡……。此時，我深深了解到博士的專業素養，是多麼的不簡單，醫學常識是多麼的不平凡。在犯罪手法不斷翻新，規避刑責屢屢出奇的現今社會，是多麼需要像博士這種擁有高深的專業素養，和豐富的醫學常識的法醫啊！

在整個解剖過程裡，淡水分局的刑警不斷的拍照，以做為偵查研究的路徑方向。而博士抽絲剝繭、鉅細靡遺的解說，正是他們所要的線索，也將是檢查官據以判案的重要資料。

長廊依舊幽遠深邃，依舊森冷陰沉，但可能是「人多勢眾」，也可能是見識了解剖的現場之後，已經是「五嶽歸來不看山」了，跟博士等人步出解剖室、停屍間，準備回到陽世「重新做人」時，走在長廊上，竟已全然沒有來時的恐懼之感。我跟小葉的腳步「從容」且「輕鬆」。當終於見到來自自然的天光時，心情是那麼的舒暢、愉快。微風拂來，我貪婪的吸嗞著屬於「陽間」的空氣，突然感覺這世界好可愛，縱然很多時候它不是那麼的盡如人意，但，夠了，能不出差錯的跟著自然的時鐘，按步就班、規規矩矩的走著人生這條路，真的已經夠了。

離開解剖室，博士一路就默默無語，若有所思。不知他是在想著案情，或是在感慨著人生的無常。一直到了停車場，見到了等在那裡的小旭和美珍、淑惠，才見到博士有了笑容。

望著他斑白的頭髮，心中感到一股疼惜。是什麼令已年屆七旬的他，還不能自他的工作崗位退下來，需要每天這樣南北奔波，往往返返的到處驗屍？為什麼這把年紀了，

他還不能跟任何一位老人家一樣，「清清淡淡」的在家裡含飴弄孫，享受天倫之樂，而仍必需每天面對「生死悲苦」，目睹諸多醜陋，吸聞種種惡臭？

心疼之外，內心還有著更多的敬佩。博士有著顯赫的家世，傲人的學歷，大有條件自己過得輕輕鬆鬆，舒舒服服；大可不必吃這些「異常」的苦，常年與屍體為伍。而他卻孜孜於自己的工作，為死人申冤；為活人主持公道，數十年如一日，無怨無悔。這種犧牲奉獻的精神，他憑藉的是一種怎樣的執著？

驗屍間裡經歷的一切，我恐將一輩子難忘。我可以隨意選擇「進」或「不進」驗屍間，而博士呢？什麼時候他才能隨心所欲的為自己選擇？我可以隨意選擇再走不走那種「長廊」，而博士呢？屬於他的「長廊」，他將繼續走到何時？

您聽過青天法醫楊日松博士的傳奇故事嗎？
您看過漫畫家曾正忠的精緻作品嗎？

停屍間裡詭異陰森的氣氛，
解剖台上肢體分離的慘狀，
非經由法醫專業知識的判斷，怎能引領辦案人員正確的偵察方向，而終至破案！

千宇文化出版社願在日本漫畫席捲台灣的洪流中，成為中流砥柱，為國人漫畫盡一份心力；敬請期待這本由曾正忠親自執筆，細膩刻畫出的世紀洗寃人--楊日松傳奇！

請拭目以待..........

真實的感官世界

揚日松 給您更

國家圖書館出版品預行編目資料

世紀洗冤人：楊日松傳奇／湯坤山，徐慧琴作.
-- 初版. -- 桃園縣中壢市 ： 千宇文化出版；
［臺北縣汐止鎮］ ： 聯經總經銷, 1996［民85］

面；　　公分. --（人物傳奇 ； 1）
ISBN 957-98947-0-1（平 裝）

1. 楊日松 - 傳記　2. 法醫學 - 通俗作品

586.65　　85010012

人物傳奇 1
世紀洗冤人---楊日松傳奇

作　　者：湯坤山、徐慧琴
社　　長：羅慶旭
副 社 長：莊正富
發 行 人：葉雲潭
出 版 者：千宇文化出版社有限公司
發 行 所：桃園縣中壢市元化路220號8F
電　　話：(03) 4273527
傳　　真：(03) 4273679
總 編 輯：徐慧琴
副總編輯：林堃榮
企 編 組：賴麗琴、陳小鈴
行 銷 組：張董麗莎、邱翠雲
攝影召集人：陳文信
攝　　影：徐志晃
法律顧問：曾森雄、朱富賢律師
總 經 銷：聯經出版社　　訂書專線：(02) 6418661
電腦排版：SIR　SPEEDY 圖文快印中心
登 記 證：局版台省業字第370號
出版日期：1996年10月1日初版一刷
定　　價：360元
劃撥帳號：18920061(戶名：葉雲潭)
版權所有・翻印必究

ISBN：957-98947-0-1

※本書如有缺頁、破損、倒裝，請寄回更換

MW01677339